多元化阅读

开启多彩成长路

宗菲菲 ◎ 著

辽宁人民出版社

© 宗菲菲 2022

图书在版编目（CIP）数据

多元化阅读：开启多彩成长路 / 宗菲菲著. —沈
阳：辽宁人民出版社，2022.12
　ISBN 978-7-205-10532-7

　Ⅰ. ①多… Ⅱ. ①宗… Ⅲ. ①阅读课—教学研究—小
学 Ⅳ. ①G623.232

　中国版本图书馆CIP数据核字（2022）第149177号

出版发行：辽宁人民出版社
　　　　　地址：沈阳市和平区十一纬路25号　邮编：110003
　　　　　电话：024-23284324（发行部）
　　　　　http://www.lnpph.com.cn
印　　刷：河北品睿印刷有限公司
幅面尺寸：185mm×260mm
印　　张：13.5
字　　数：242千字
出版时间：2022 年 12 月第 1 版
印刷时间：2022 年 12 月第 1 次印刷
责任编辑：张天恒　王晓筱
装帧设计：山月设计
责任校对：吴艳杰
书　　号：ISBN 978-7-205-10532-7
定　　价：58.00 元

序　言

　　书是人类知识的载体，是人类智慧的结晶，是人类进步的阶梯。读书可以获取知识、增长智慧、开阔视野，可以陶冶性情、发展思维、提升能力，读书对于一个人的成长进步非常重要。《义务教育语文课程标准》明确指出：语文课程要重视培养学生广泛的阅读兴趣，扩大阅读面，增加阅读量，提倡少做题、多读书、读好书、好读书、读整本的书。新一轮基础教育课程改革倡导课外阅读课内化，课外阅读课程化。习近平总书记曾经说过："要提倡多读书，建设书香社会，不断提升人民思想境界、增强人民精神力量，中华民族的精神世界就能更加厚重深邃。""全民阅读"多次被写入《政府工作报告》，这一切都说明了阅读的重要性。就是在这样的大背景下，宗菲菲老师申报立项课题《大语文背景下小学中低年级多元化阅读实践研究》。她带领团队以问题为导向，直面真实问题，立足实际调查、实践验证，最后总结形成经验。在实践中探索多元化阅读的方法策略，以多元化阅读实践开阔学生的阅读视野，发展学生的阅读能力。

　　宗菲菲老师和她的团队在研究中遵循教材的特点，根据新一轮课改倡导的阅读理念，实施1+X的教学模式，以少做题、多读书、读好书、好读书、读整本的书的理念，先从阅读内容开始着手进行多元化改革，积极探寻适合小学低中年段多元化的阅读内容，探索小学低中年段多元化阅读的方法策略，开展丰富多样的小学低中年段多元化阅读活动，建构小学低中年段多元化阅读的评价机制。通过增加不同版本的教材，补充经典诗词儿歌、适合孩子年龄段的阅读书目、自编童话、散文、小古文、成语故事、寓言故事、古诗接龙等校本教材，丰富阅读内容，拓宽阅读视野，提升阅读广度。总结出不同的多元化阅读策略，包含针对课内文本的解词析句法、质疑探究法、想象留白法、白描渲染法、勾圈标记法、搜索筛选法，品词析句的精读法；还有针对文本延伸拓展类文章的泛读法，课外推荐阅读书籍的扫读法等。学生可以根据不同的文章体裁选择不同的阅读形式，如全班共读、亲子诵读、表演读、打节奏读、吟诵、配乐读、表演情景剧等，丰富多元的阅读活动，诗词大会、绘画阅读、配音秀秀秀、影视剧鉴赏、班级读书会、好书乐分享、讲故事比赛、美文诵读比赛、亲子经典诵读比赛、走进名著项目式阅读等活动的开展，让学生充分体会到阅读的快乐和美好。其次，通过研究，宗菲菲老师还带领课题组成员初步建构了立体互动的多元化阅读评价机制，包括纸质检测评价、课件抽查、网络打卡、互动考查、争星评优等，将熟读、背诵、认读、理解阅读水平作为横向定位，将阅读量、阅读面、阅读时间、阅读速度、阅读兴趣整合评价的结果作为纵向定位，构建起多元评价体系。

多年的教研生涯，我深知阅读的重要，也一直在努力推动儿童阅读，因为浓厚的阅读兴趣、良好的阅读习惯和基本的阅读能力不仅是小学生学习文化知识的需要，也是他们将来适应社会发展必备的素质。所以对宗菲菲老师团队研究的"大语文"背景下的多元化阅读策略，我很感兴趣，也看到了他们研究的用心和成效。四年多的实践探索，他们在阅读内容多元化、阅读形式多元化、阅读活动多元化、阅读评价多元化方面总结了很好的经验，使学生的阅读从狭窄面走向宽领域，从浅阅读走向深度阅读，从零碎阅读走向体系化阅读，既顺应时代的需要，又丰富了学生的阅读量，增加了学生的阅读广度和深度，提升了学生的语文素养。

春暖花开时节，正是读书好时光。衷心希望更多的老师像宗菲菲老师这样，研究儿童阅读，推动儿童阅读，让孩子们从小就养成多读书、读好书、好读书、读整本书的好习惯，让阅读成为他们的生活态度、生活方式、精神追求，让阅读成为孩子们最美的姿态。

卢耀珍

2022 年春于南宁市教科所

目　录

第一章

理论阐述

一、多元化阅读渊源

纵观世界各国，凡是崇尚阅读的民族，其生命力大多很顽强，而一个国家的国民如果热爱阅读，其必定是拔节向上的国度。阅读是个人成长的需要，也是对个人精神、气质培养的重要过程。就语文学科而言，树立大语文观显得尤为重要，引导学生在广阔的阅读天地拓宽视野，在开放的阅读空间里发展智力。语文学习离不开大量阅读，个人的成长史其实就是一部阅读经验史，个人的谈吐举止能反映出自身的阅读经历。当前，很多小学生在语文阅读方面仍存在短板和不足，比如没有形成良好的阅读习惯、阅读兴趣不够浓厚、阅读面狭窄等，致使阅读速度和质量受到较大影响。提高阅读质量，提倡大量阅读，让课外阅读课内化、课外阅读课程化，强调在阅读中积累，在阅读外运用，是新时代语文阅读教学的要求，因此多元化阅读逐渐进入小学教师、学生和家长的视野，为此，本人在所执教的班级开展了《大语文背景下小学中低年段多元化阅读的实践研究》的课题研究。

这要从我所带的上一届班级讲起，2011 至 2017 年，南宁市桂雅路小学刚刚投入使用，迎来了第二届小学一年级新生。这一届学生的起点、基础参差不齐，成绩差距悬殊。成绩最差的一个学生小宇，入学时拼音、数字、笔画等完全零基础，一年级时每次考试都是倒数第一名，最要紧的是，他还和其他班级的差生搅在一起，学会了暴躁脾气，在家敢大胆呵斥大人，在学校不遵守秩序，同学们私底下说他是"小混混"。作为语文教师的我和孩子的家长做了无数次沟通，讲了很多道理，进行了多少次谈心都无济于事。事情的转机意想不到地发生在二年级时，小宇父母是高级知识分子，家里藏了很多书，小宇经常"偷看"父母的藏书，用了一年时间把四大名著通俗文本看个遍。刚开始父母是阻止的，但慢慢发现孩子沉浸其中，"搞破坏""瞎倒弄"的事情越来越少，有时候还给爸爸妈妈讲故事，我也感受到孩子的变化，非但没有阻止，还有针对性地推荐一些适合他年龄的，他比较感兴趣的阅读书目，孩子越读越喜欢，越读越变化。后来，我慢慢带领学生广读课外书籍，为了保持他们的阅读兴趣，我还在班上变着花样开展了很多阅读活动。每个孩子都希望自己是成功者，都期待着收获肯定和赞誉。随着阅读活动越来越多，我积极探索对各种阅读活动、学生阅读效果的评价，尽可能让学生也能从评价中感受到阅读的快乐，不断推动阅读向纵深发展。磨刀不误砍柴工，小宇到三四年级时，上升到中等成绩，五、六年级时，成绩上升到前几名了。转眼间，孩子从桂雅路小学毕业已经 6 年了，毕业后考上了南宁市最好的初中，现在正在上南宁市最好的高中。最近从孩子高中老师那里得到一个让人万分惊喜的消息："小宇这孩子是按照考中国顶尖大学的目标来培养的！"

　　小宇同学是我所带班级的一个特殊案例。从小宇身上，尤其在他读到四五年级的时候，我就深刻地感受到多元化阅读的特殊魅力，让我坚定了在小学中低年级实施多元化阅读的信心，所以我从2017年接过新一届的一年级时，就决定要在这个班级和更多的班级实施多元化阅读。特别是听闻他能够上中国顶尖大学的消息，我从这个事例深刻认识到，多元化阅读能够改变人的知识结构、气质形象，乃至一个人的命运！

　　万丈高楼平地起，多元化阅读的效果不是一天两天、十天半月能够实现的，不是敲锣打鼓轻轻松松就能实现的。就如同有的竹子，前4年只能长3厘米，但从第5年开始，就能以每年30厘米的速度疯长，6周就能长到15米，惊艳所有人。也如同荷花，荷花在前29天，只能开到池塘的一半，但在第30天的时候，就会一夜开满池塘，让人叹为观止。没有人可以一夜横空出世，没有人会无缘无故站到聚光灯下。多元化阅读虽然不是无所不能，但它能让一切皆有可能，它是教书育人事业发展的需要，是学生成长进步的阶梯，是个人转变命运的路径，具体来说：

　　多元化阅读是新时代的呼唤和要求。习近平总书记指出，要提倡多读书，建设书香社会，不断提升人民思想境界、增强人民精神力量，中华民族的精神世界就能更加厚重深邃。教育部公布的《义务教育语文课程标准（2011年版）》对阅读教学提出明确的要求，即："语文课程要重视培养学生广泛的阅读兴趣，扩大知识面，增加阅读量，提倡少做题，多读书，读好书，好读书，读整本的书。"课标还规定各个学段课外阅读量的量化标准，小学六年课外阅读总量应该达到145万字以上。统编版教材主编温儒敏强调，提升学生语文素质，光靠教材远远不够，统编版教材要实施1+X教学模式，还要进行整本书阅读，这是大语文背景下的主要发展方向。"大语文"就是要以培养学生的发展为教育教学的根本目的，培养具有良好道德品质和健全人格的人。一个民族的精神境界在很大程度上取决于全民族的阅读水平，因此，提高阅读品位，提倡大量阅读，让课外阅读课内化，课外阅读课程化，强调积累与阅读，可以说"大语文"是适应时代，适合学生发展，符合课程标准要求的，对整个国家人民整体素质的提高，国家软实力的增强具有非凡的意义。

　　多元化阅读是深化发展教学实践需要。近年来，我国悄然兴起许多具有突破性阅读教学实践的阅读方式，有海量阅读、群文阅读、主题阅读和整本书阅读等。海量阅读就是读得多，读得快，读得杂，国内韩兴娥的课内海量阅读做得比较好，就是在课堂40分钟以及学生在校时间补充大量课外阅读。群文阅读就是把相同主题文章、诗词或书籍经过挑选放在一起比较阅读，以一个议题为中心进行讨论式学习。主题阅读把教材单元主题作为主线，串联起几篇文章或几本书，主要采用"以文带文课型""单元导读课型""分享展示课型""读写联动课型"等七种课型进行，达到课外阅读课内教的目标。叶圣陶提出"整本书阅读"观点，认为整本书阅读和单篇文章阅读存在一定的差异，之后他将整本书阅读融入语文课程教学中。不管是什么类型的阅读教学实践，其核心都是剑指大量阅读，特别让课外阅读篇目进入课堂教学的实践探索，从课程开发视角系统建构课外阅读的体系，都在告诉教师应最大限度地利用好国家编写的教材，并发挥课外阅读课程的作用，改革传统的教学课堂模式，重视课堂教学之外的阅读活动，探索课文的延伸，建立科学的课内外阅读结合教学的新模式。

多元化阅读是提升学生语文核心素养的有效路径。笔者学校非常重视对阅读教学的探索和研究，一直致力于开展"亲近母语 快乐阅读"主题活动，也曾参与群文阅读和主题阅读教学大赛，获得非常好的成绩。然而，通过问卷调查、课堂教学观察、试卷分析，发现学生在语文阅读方面仍存在一定的不足，如没有形成良好的阅读习惯，阅读兴趣不够浓，很多学生像是被老师"绑架"阅读，对书籍不如对电视、电脑感兴趣。阅读面仍然狭窄，阅读的书目选择上，存在盲目性、随意性，学生喜欢跟风阅读，班上学生喜欢看漫画，或是社会上风气偏向通俗文学，于是大家纷纷"效仿"，不会判断作品的好坏，单纯过过眼瘾，导致阅读速度和质量受到影响。部分教师对学生的阅读书目进行了推荐，可对后续的落实情况不能切实掌握，教师指导和督促学生阅读行为的措施不够细致，缺少策略，阅读教学有些流于形式，即便有些学生有阅读兴趣，可没有切实有效的阅读方法，于是阅读的"拦路虎"由此产生。

如果能够根据学生的年龄特点，重整阅读资源，采取有效方式，推动阅读内容和形式多元化，适时增加多元化阅读活动，并构建多元化阅读的评价机制，那就能更好激发学生的阅读兴趣，扩大阅读广度和深度，培养良好的阅读习惯，提高阅读能力，促进语文核心素养的提升。根据时代的要求、低年段学生阅读的问题现状，结合不同方式的阅读实践，不仅是我的班级，我还带领课题组老师们在所执教的班级开展了大语文背景下的多元化阅读实践研究。

在带这届学生之前，我在班级开展的阅读活动都是比较零碎、不成系统的，班级推荐的阅读书目，也是比较随意的，都是根据学生年龄特点、阅读水平，或者受到什么书籍的启发来进行设计，教学方法属于"简单粗暴"型，评价方式也比较单一。记得 2017 年即将重新带一年级的那个暑假，我把十多年来的阅读教学彻彻底底捋了一遍，分年级、分学期精心进行教学设计，同时，认认真真地找寻跟阅读相关的书籍揣摩，主题阅读、海量阅读、整本书阅读等等知名的理论书籍看了一本又一本，又在知名网站查阅多元化阅读的理论文章。首先我以"多元化阅读"关键词在"中国知网"平台上搜索，截止到 2019 年 5 月 15 日课题启动时，共检索到 149 条相关文献，从检索到的文献分析中可以看出，针对多元化阅读的研究自 2015 年后逐年大幅增长，研究的机构主要集中在图书馆、学校和幼儿园，而且以图书馆的居多，占比一半左右。后来，我进一步缩小检索范围，以"小学语文多元化阅读"为关键词检索，仅有 8 条相关文献，其中有几条有关多元化的实践探索对我很有启发：

孟祥忠老师在文章《小学语文"多元阅读"校本课程的实践与探索》（《语文建设》，2013 年 5 期）中指出："多元化的语文阅读绝不是盲目性的，它有着自己的界限，如果教师在引导学生阅读期间未能把握好这个要求，将会严重影响课堂的正常进行。因此教师在阅读课堂中渗透多元解读理念的时候，首先要控制好尺度，明确界限。"曾卫华老师在文章《小学语文多元阅读教学方法研究》（《华夏教师》，2018 年 12 期）中指出："阅读是语文教学的重要板块，对培养学生的语文素养有着重要的作用。在小学阶段，掌握多元化的阅读方法是培养学生良好阅读习惯的重要途径。"苏世平老师在文章《农村小学"课内 + 课外"多元阅读模式探索与应用研究》（《学周刊》，2019 年 1 期）中指出："阅读是学习语文的重要方式，能够帮助学生更好地提高学习效率。在新课程改革的引领下，教师改进和完善教育教学方法，探索'课内 + 课外'多元阅读模式教学应用方式，对提高小学生阅读能力具有重要意义。"陈燕老师在文章《多元化阅读——走出语文阅读教学的困境》（《语文教学通讯》，2012 年 12 期）中指出："所谓多元化阅读就是要做到阅读目标多元化，阅读策略立体化，阅读资源多样化，阅读活动开放化，阅读评价互动化。实施多元化的语文阅读教学，可以充分运用课内、课外各个阵地，引领学生走进阅读、学会阅读、爱上阅读，让自己获得积极的、个性化的、深层次的阅读体验，从而真正打开自主阅读之门，走出语文阅读教学的困境。"张霞老师在文章《小学语文多元化阅读教学模式的构建》（《西部素质教育》，2016 年 8 期）中指出："阅读教学需要构建'由扶到放，影子效应'的多元化阅读模式，即课堂上扶助学生掌握科学、行之有效的阅读方法，放手让学生大量阅读，时刻掌握学生的阅读动态，使之形成常态行为。"

通过对上述老师观点的分析，不难发现：第一，多元阅读对于小学生良好阅读习惯的培养、能力及素养的提高有直接促进作用，伴随着阅读兴趣、阅读质量的提升，更加有力推动语文能力发展；第二，若想提高小学生阅读质量，传统教学方法难以达到预期效果，必须根据班级学生的具体情况采取合理的多元指导方法，帮助学生获得不同的阅读体验，最终找到最合适自己的阅读方法；第三，多元阅读的实践并不是盲目的，它不仅要遵循当代教育理念标准，而且也要严格把握多元活动的尺度和界限，否则反而会影响和制约课堂的进程。从发表的数篇论文看，各方面都处于探索和实践阶段，还未形成科学完整的体系。相信随着阅读教学改革的深入，多元化阅读有望成为小学语文教学领域的热点内容。

二、多元化阅读内涵

什么是多元化阅读呢？

从古到今，"阅读"被称为"教育之母、学习之本"。比如"读书破万卷，下笔如有神"这一说法，从"工具性"这个角度来阐述阅读的意义；而"腹有诗书气自华，最是书香能致远"，则是从人文特征这个角度来强调阅读活动；"读万卷书，行万里路"，是从全局整体这个角度阐释阅读的重要价值。总结起来，阅读就是人特有的"学习与吸收"的基本路径方法，是"积累与积淀"的最直接最有效载体，假如人离开了"阅读"，就很难再有进步，就再也难以发展。在实践中，"阅读"是学生习以为常的行为，是开展学习活动必需的行为，遍布于学校教育之中，以及各类学科教学活动之中。比如阅读本身就不是语文学习特有的现象和手段，学习数学离不开阅读课本和大量练习手册，做物理实验离不开阅读前人经验知识，学习化学公式离不开阅读大量化学科学专著，我们平时学习唱歌也要懂得阅读音乐符号。在长期的实践中，哪怕是非语文学科，比如数学、英语等学科，如果科学合理安排阅读相关书本，学生学习成绩、班级整体考试成绩都是名列前茅的，这从另外一个视角充分证明阅读的重要性。

从小学语文教育来说，阅读不仅仅是为了"吸收知识"，更多是为了学生在良好的体验过程中获得审美和情感。积极开展丰富多元的各种语文阅读活动，有利于切实推动体现"工具性教学和人文性教育"高度统一、和谐共生，只有秉承"以生为本、以学为主"，下更大的功夫开展全面、精细、开放的多元化语文阅读活动，就有很大的可能见证新的奇迹。

所谓"多元化阅读"，目前学界还没有统一的定义定论，还需要专家、学者和教育实践者深入研究、总结凝练，挖掘内涵、总结实质才能提出科学合理的定义，才能形成理论的共识，甚至推动形成一门新的阅读学科门类。虽然本人从事教学20年，长期从事一线教学，多年来践行多元阅读实践，但是还不能说已经透彻掌握多元化阅读的规律，能够为学界提出多元化阅读的科学定义，只能从字面意识来做一个简单的定义。根据我多年的研究总结和工作实践，我认为所谓的多元化阅读，就是阅读目标、内容、方法和评价多元多样的一种阅读手段。简单来说，就是让学生在阅读学习过程中拥有更多方法手段、塑造更多的可能性。这些"可能性"的出现，需要营造富有活力的良好课堂氛围，需要教师运用合理的教学引导充分调动学生思维，同时也需要以课堂评价、作业评价来延伸课堂学习。只有这样，学生在平时的阅读学习中，才能更加投入、更加主动，也才能获得能力的实质提升。从这个角度来理解，我们就可以看出多元化阅读实际上是课内阅读的扩展和延伸，是阅读能力发展的途径和通道，能够有效地培养学生阅读的习惯和能力，感受阅读带来的心灵的滋养和愉悦，提高语言表达、写作能力，创新和发展具有地方特色的新的教学模式。

从全国乃至全球范围看，在多年的研究和实践中，跟多元化阅读比较接近、各方面关注度很高的高效率语文教育方法，主要有群文阅读、海量阅读、整本书阅读、主题阅读等，这些阅读方式方法，与多元化阅读虽然有所不同，侧重点各异，但有重要的参考作用，有些具有异曲同工之妙，下面逐项介绍。

（一）关于群文阅读

"群文"一词，最早由台湾小语会理事长赵镜中教授在全国第七届阅读教学观摩会的主题演讲中提出，随后产生广泛的影响，深受广大教育界人士的追捧。实际上，群文阅读此前早已产生，只是名称叫法各不相同。有日本的"群书阅读"，国内则有港台的"多文本阅读"，江浙的多篇课文的教学、多本书的阅读等等，这些都可作为"群文阅读"的重要源流，对群文阅读提供有力的实践素材和理论滋养。树人教育研究院专家论证后明确提出"群文阅读"的概念界定：广义的群文阅读是一种阅读形态，是在传统媒体与新媒体媒介融合的背景下，阅读者通过多种途径和方式从不同平台载体上，在复杂资源中进行信息的自由提取和有效聚合，从而实现阅读者个体自我或社会意义的构建。狭义的群文阅读是指一种教学方式，指教师在语文教学活动中联系生活实际，利用某个议题选择若干篇符合教学需要的一组阅读材料，引导学生采取自主、合作、探究的方式进行阅读学习，学生通过对多个文本的体验、思考、讨论来构建意义，实现学生阅读力的提高。随着群文阅读的推广普及，学生的阅读量越来越大，虽然很多教师还是喜欢单篇课文的教学，但随着群文阅读的概念推广，教师也开始尝试按照群文阅读的要求来开展教学活动，结合教材内容和大量课外读物，找出大量相同的阅读议题，进行广泛的多文本阅读教学，这种趋势已经从大城市向中小城市和县城延伸，甚至一些农村学校，也开始了群文阅读教学实践，取得很好的运用成效，能够有效缩小城乡教育的差距。由此可见，群文阅读已逐渐走进课堂，成为教学领域的"热运动"。无论学校、教师还是家长，都必须充分相信少年儿童学习的能力，哪怕是低年级的儿童，都是可以尝试进行多元阅读的，要采取有力的措施打破以往那种以单篇独进、深探细究的精读教学的模式，教师花费大量时间和精力去讲解语言词句、段落大意、中心思想的教学模式，让群文阅读、多元阅读最大限度地解放与培养儿童的阅读能力。

（二）关于海量阅读

顾名思义就是除了日常的课堂教学外，让学生自由选择，最大量阅读自己喜欢的各种课外书，经过坚持积累，达到积累知识、开阔视野、陶冶情操的目标，切实提升语文素养能力。海量阅读的探索者韩兴娥，是山东省潍坊市北海学校语文教师，是齐鲁名师，全国推动读书十大人物之一。 她用开学和期末各两个星期，就能完成语文课本教学任务，在考试中取得不俗的成绩，剩下的时间和学生共读课外书，相关事迹被《中国教育报》等多家媒体报道，引发"语文课能否从教材突围"大讨论。根据韩兴娥老师的探索，海量阅读特指"课内海量阅读"，也就是在课堂内进行"海量阅读"。但"海量阅读"的教学目标不是以一节课、一篇文章设定，而是以一本书、一个年龄段为单位设定。韩兴娥老师把小学六年分为三个阶段：一年级在"海量阅读"中识字，二、三年级主要在"海量阅读"中诵读、积累，四、五、六年级则"海量诵读经典"。这被称为"课内海量阅读"三部曲。实践证明，随着阅读量的几何数倍增，识字问题、作文问题、理解问题等各方面高度关注的重要问题都迎刃而解，不需要再耗费其他时间和精力。她深入总结这一套教女儿认字读书的方法，整体迁移到平时的课堂教学中，做到学生在没有家庭作业的情况下，个个考试成绩都很优秀，多年来全班没有一个成绩不好的。韩兴娥老师的专著《我的语文实验故事》刚刚发行，就出现了难得的脱销现象。现在她正带领学生深入探索，让同学们远离繁重的作业，全身心畅游书海，为孩子的成长奠定坚实的基础。

（三）关于整本书阅读

整本书阅读教学，是一种新的阅读教学理念，近些年来受到了越来越多教育界人士的关注。对阅读教学来说，推行整本书阅读教学，能够有效弥补现行单篇阅读教学存在的问题和不足，有力做到课内外衔接，实现课外阅读课内化，对阅读教学的发展起到了非常重要的作用；对学生发展来说，整本书阅读极大增加学生阅读量，能够有力培养出学生良好的阅读习惯，扩展阅读视野，锻炼阅读速度，既满足新课标中对学生阅读量所提出的要求，又对教师开展整本书阅读教学提出新的挑战性的要求，能够推动转变传统教学观念，更新教师教育理念。整本书阅读教学，一定要根据不同年龄学段合理确定学生的阅读量，真正落实好新课标的各项具体要求。近年来，全国不少中小学高度关注整本书阅读课型的探索和实践，"整本书阅读"被越来越多的教育界人士推崇。什么是"整本书阅读"，各方面比较统一的认识就是对我们一直以来的语文教材编写方式"文选型教材"的阅读。文选型的教材，力求在有限的学习时间内，最大限度向学生展示不同的题材、文体、作者以及文学风格，让学生通过文选型教材这个简单的编本，打开深窥的知识堂奥，根据自己的阅读兴趣，更深入地了解更多的知识体系和文学世界。

（四）关于主题阅读

也就是根据题材的主题，找来大量主题相同、背景相似、内容不一的阅读材料，指导学生合理安排阅读，加强对教学主题的理解把握。确定文章主题，是阅读教学的基本任务，这是开展主题阅读的关键。教师需要基于教学内容，认真分析学生知识基础、学习能力，科学合理提炼和确立阅读主题。例如，在人教版小学语文二年级上册第二课《黄山奇石》的教学过程中，教师可以在分析课文、征求学生意见的基础上，将主题确立为"风景浏览"，为学生推荐一批有关风景描写的拓展阅读文章，比如《早晨的冬天》，也可以利用多媒体手段，为学生播放美轮美奂的风景图片，让学生开阔视野。学生进行主题阅读时，教师绝不是袖手旁观者，需要采取措施对学生引导，让学生在阅读过程中获得知识、智慧、乐趣和感悟。提高学生的语文阅读能力，是小学语文教学活动的基本目标，这也是学生综合素质的基本体现，教师借助主题阅读，能够引导学生有效实现教学目标。进行主题阅读活动，学生通过阅读每一篇主题文章，容易获得和领悟语文阅读的技巧方法，能够有效实现技能和知识的迁移拓展，产生"举一反三"的良好效果。

三、多元化阅读解读

本课题为《大语文背景下小学中低年段多元化阅读的实践研究》，其中的两个概念"大语文"和"多元化阅读"解读如下：

"大语文"是"大语文教育"的简称。"大语文教育"是特级教师张孝纯线上创立的一种新型的、带有突破性的语文教育思想。这种思想主张语文教育以课堂教学为轴心，向学生生活的各个领域开拓、延展，全方位与他们的学校生活、家庭生活和社会生活有机结合起来，并把教语文同教做人有机结合起来，把传授语文知识同发展语文能力、发展智力素质和非智力素质有机结合起来，把读、写、听、说四方面的训练有机结合起来，使学生接受全面的、整体的、强有力的培养和训练。"大语文教育"的教学结构由"一体两翼"组成；主题是课堂教学，两翼是课外活动和利用语文环境。这种教学结构打破了千百年来把学生关在教室里一味读文、写文的封闭式格局，把学生从旧式语文教学的"狭小的笼子"中解放出来。大语文是一种包含了多种阅读方法、多种阅读体裁、多种阅读形式的新型阅读模式，它符合时代发展的需求，符合小学生阅读能力提升的要求，更与多元化阅读遥相呼应、相辅相成。

多元化阅读主要包括了四个方面，即多元化阅读内容、多元化阅读策略、多元化阅读活动和多元化阅读评价。多元化的阅读内容可以增大阅读量，扩大阅读面，提高阅读的品位；多元化的阅读策略可以提高阅读的速度、阅读能力和阅读质量；多元化的阅读活动可以促进阅读兴趣提升，延伸阅读空间，提供阅读契机；科学的阅读评价方法可以全面评价学生的阅读水平，增强阅读信心，提升语文核心素养。

下面对多元化阅读研究的目标、内容、重难点、意义进行简要阐述：

(一) 研究目标

小学时期是阅读意识、阅读能力培养的黄金期，要高度重视和充分借助小学语文课教育，启动孩子人生的"阅读培养工程"。因此，在小学语文教学活动中，要本着"以生为本、以学为主"的基本思想，努力把孩子逐步引向乐读之路，爱上书籍，喜欢阅读，在书山慧海之中吸收丰富的成长养分。

1. 探索小学中低年段多元化阅读的方法策略

在实践中，我们开列给孩子的书单是比较多的，如果没有好的阅读方法，根本无法完成阅读任务，更不要说从书中吸取知识养分了。好的阅读方法事半功倍，犹如一根称心如意的杠杆，能够撬动孩子广泛的阅读兴趣，愿意去广泛阅读，能够好好去读，还能够充分感悟书本精神，领略到阅读的美好。我们探索出来的基本经验就是，课内外阅读要衔接好，应以课文为基点，向课外读物延伸，形成一种以课文为中心、以课外读物为辐射的阅读模式。这样，学生加深了对课文的理解，拓展了知识视野，把课堂搞活搞生动了。在课题研究过程中，我们根据学生的实际情况，选择适合年龄特点的书籍，并通过讲故事、读绘本、诵古诗、班级读书会等灵活多样的形式，对学生的阅读方法策略进行针对性、手把手的指导，直到学生熟练和乐在其中为止。必须高度重视的是，一定要让学生学会透过现象看本质，读懂表象认识背后的文字意蕴。作品作为读者与作者交流的"媒介"，它能"辐射"出极为深远的思想价值，要恰当运用提问、留白等策略，充分调动学生思维，让他们在阅读中充分汲取营养。

（1）适时提问增加互动，这是最常规常用的有效策略

老师想方设法运用多种形式激发活力课堂，一个非常重要的目的，就是营造良好的氛围，调动学生阅读的积极性，让学生的思维动起来，跳跃起来，甚至天马行空，争取高效率获取阅读信息。早些年，我在班级教学中就强调要阅读，给孩子们购买书本，给家长和孩子开阅读书单，但是孩子们阅读的积极性并不高，家长向来也不怎么配合，通常一个学期下来，孩子们也没有阅读几本书，甚至有的孩子一本书都没有读，一篇课文也没有看，效果非常让人懊恼。后来向别的老师请教，他们有一个共同的做法，就是实施提问策略，在课堂上，甚至课后进行适当的提问，有针对性地找学生提问，学生就不得不阅读了，慢慢地阅读率就上来了。当然，这种提问不是随意的，是精心设计和有针对性的，既能够让学生感觉到压力，察觉不阅读不行，又让学生感觉到动力，愿意自觉主动阅读。

（2）鼓励大胆质疑探究，这是以学生发展需要为中心的教学方法

传统的小学语文教学大多以"教师为中心"，教师讲解，一问一答，学生像是装载知识的器皿，只一味接收，缺乏发现问题、提出问题、解决问题的能力。布鲁巴克说过："最精湛的教学艺术，遵循的最高准则就是让学生自己提出问题。"教师要善于抓住中低年级的学生好奇、好问、求知欲强的特点，有意识地大胆鼓励学生主动发现问题、思考问题、探索问题、解决问题。毕竟提出一个问题，往往比解决一个问题更重要。让学生在课堂上学会质疑，让质疑变成一种能力。可以教会学生从课题质疑，课题就是文章的眼睛，它是文章的梗概和主旨，教会学生通过补充

课题的方法提问，把握文章的主要内容，比如三年级下册《纸的发明》，学生可以质疑："纸是什么时候发明的呢？""纸是谁发明的呢？""纸的发明的意义和作用是什么？""纸是如何发明出来的呢？"等等。通过学生自己的质疑，让学生再读课文去寻找答案，学生的学习积极性会更高，主动性更强了；可以教会学生从课文的中心句进行提问，对课文的中心句设计提问，往往可以牵一发而动全身，对理解文本、体会作者情感起到了至关重要的作用，比如《我们奇妙的世界》，课文是围绕"这是一个奇妙的世界，一切看上去都是有生命的"来写的，学生针对中心句可以提问："为什么这是一个奇妙的世界？""这个世界奇妙在哪儿？""课文从哪几个方面来写奇妙的呢？"还可以教学生从课文的内容，或是一些关键字词，甚至是标点来提问，激活学生思维，促进学生语文素养提升。

（3）留足想象思考空间，这是激发学生阅读动力的重要手段

语文课程标准指出：语文教学是一门学习语言文字运用的综合性、实践性课程。要想锻炼提升学生思维，应借鉴国画"留白"方法，抓住课文"留白"处，为学生留足想象和思考空间，进一步提升语文素养。比如《船长》这篇课文就很典型，在指挥救援、感受船长沉船的悲壮画面这一板块的教学时，文中的一段话"哈尔威船长一个手势也没有做，一句话也没有说，犹如铁铸，纹丝不动，随着轮船一起沉入了深渊。人们透过阴惨惨的雾气，凝视着这尊黑色雕像徐徐沉进大海"，这部分极富想象力和画面感的名句即"此时无声胜有声"。在这里教师问学生：此时的哈尔威在想什么，会说什么？学生们就会七嘴八舌地进行讨论，从学生的汇报来看，大家说得各有道理，补充人物的心理和语言细节很到位。教师回过头再让学生分角色朗读哈尔威和洛克机械师及奥柯勒大副的对话和这段话，配上背景音乐，让学生在创设的情境中体验和感受，深深地感受哈尔威船长尊重妇女儿童、舍己救人的崇高美德和人在船在的精神境界。此时，教师峰回路转，提问为什么课文没有像同学们说的那样，仔细对哈尔威船长的心理和语言进行刻画，而是没有任何描写，只有环境描写反而更有味道呢？引导学生理解作者在这样静寂无声的场面描写中更好体会到哈尔威船长是榜样，是楷模，这样的"留白"让学生情感得到进一步升华。这就如国画的"留白"，在不经意的不着墨处更能引发读者的浮想联翩和思考。读完我们可以体会得到，这里面的无声、无言巧妙营造出富有感情色彩的意境，不需追求解读透彻这些内容，只需把情到浓处留给学生想象、思考即可，这不会影响到学生的理解，有利于学生自主思考，自觉填补"空白"，自己努力去建构知识，深刻体

会作者情感，这非常有益于学生思维的发散与理解能力的提升。正如苏霍姆林斯基说："学生对知识的开启，只需要教师为他们撩开一点点缝隙。"教师应把握好课文中适当故意的"留白"，故意的"遗漏"，调动学生思维，促进学生思考，从而汲取知识。

在多元阅读的课型上，也进行了研讨和改进。一是阅读指引课，对于教师推荐的优秀文学作品，中外经典名著，同主题的拓展篇目，通过课堂激发学生阅读的兴趣，为学生继续阅读指明方向，奠定一定的阅读基础；二是阅读交流课，顾名思义就是在阅读书籍一段时间之后，在课上学生们互相探讨书籍中的人物故事，交流读书的心得体会或收获，介绍阅读的经验和方法，在交流中碰撞思维的火花；三是阅读答辩课，在阅读过程中，一些观点是可以一分为二来看待的，针对观点组织辩论赛、答辩会等活动，促进学生深入阅读和思考；四是阅读欣赏课，可以通过开朗读会的方式，将书籍中的精彩篇章和段落结合音乐的形式呈现出来，也可以同步寻找书籍对应的影视作品观看，加深对文章内容的理解和对人物情感的把握；五是读写结合课，语文学习就像是点点涓流汇成汪洋大海，丰富的语言积累是语文学习的根本理念之一，学习都是积累、运用，再积累、再运用的过程，适时做阅读批注、阅读摘抄，写阅读感受，能够更好促进优秀语言文化的积累，提升"阅读池"的水平高度。

2. 探寻适合小学中低年段多元化的阅读内容

课堂教学存在很多明显的局限，很多教师都感觉到，在有限的时间内根本不能完全把全部教学内容讲解透彻，很多教学内容需要学生自我理解与消化，这是多元化阅读势必开展的现实需要。并且，一个学期教师只教一本教材，学生只学一本课本，这样的阅读量是远远不够的。根据新课改的教育理念，按照新课标的要求，语文教学要尊重学生的主体地位，必须打破传统教学模式，也就是大家常说的教师言传的教学方式，但也要高度重视教师的作用，教师在班级教学过程中如何用好教材，适度拓展，成为摆在所有教师面前的一个难题。对于优秀教师而言，一个重要责任就是要想办法补充教材之外的阅读篇目，根据学生不同的差异，探寻多元化的阅读内容，让学生在阅读里"吃得好，吃得饱"。通过问卷调查和分析，根据学生的实际情况，在阅读内容选择上坚持以人为本、健康经典、终身发展为原则，分为必读和选读，为教师的教和学生的学留下了空间。

（1）增加诗性文本，构建学生多元阅读体系

新课标指出，第一学段的孩子应该"喜欢阅读，感受阅读的乐趣，课外阅读总量不少于5万字"，因此，大量阅读成了孩子们的必修课。那么可以阅读什么内容

呢？阅读内容的选择从来都是多元化阅读的重要工作，出版物中鱼目和珍珠并存，积极语言和消极语言的读物也需仔细分别，阅读内容看似简单，实则没那么容易，选得不好，就达不到所要求的教学效果，因此教师必须有针对性地进行选择。"能读千赋则善赋""熟读唐诗三百首，不会作诗也会吟"。中低年级的孩子对朗朗上口的儿歌、童谣、古诗有天然的喜爱，因此，精选适合学生诵读的内容，让学生喜读、乐读，让学生亲近语言文字，朗诵美文佳句，感受如诗如画的美，让诗心激荡童心，倾听成长的声音，用经典去叩启学生的智慧之门。

（2）提倡"1+X"课堂阅读教学模式，满足学生多元阅读需要

适时补充有效选择阅读内容的办法很多，但是万变不离其宗，最基本的要求和做法就是从课文主题出发，围绕学生的兴趣点来选择阅读内容，可以使用同类选择的技巧，选择同类型的文章开展多元化阅读。例如，在教学周晔的《我的伯父鲁迅先生》一课内容时，考虑到文章内容拓展理解的需要，可以引导学生阅读同类型的文章，比如《故乡》《阿Q正传》《祝福》等小说，把这些小说读完了，学生就能从多方面了解鲁迅的文学思想，也知道了他在中国文学史上的重要地位，能够更好地把握鲁迅作品的艺术特点，充分掌握作品的主题思想和语言修辞手法等重点内容。另外一个技巧，是以教学主线为出发点，对同一个作家的作品深入全面展开阅读。例如教朱自清的《背影》时，引导学生阅读同主题的有关父爱的作品，如梁晓声的《父亲》，肖复兴的《父亲手记》，陈南选编的《感悟父爱》，傅雷的《傅雷家书》等，让学生通过对这些课外书籍的阅读，充分感悟到父爱如山。选择同一位作家作品进行课外阅读，或者选择同一个主题作品开展课外阅读，都是能够弥补课堂教学不足的，都能够有效提升学生的语文阅读能力，拓展学生的视野和认知，有力提高并促进学生语文素养及写作能力。

（3）课外阅读推荐，打开学生多元阅读的大门

所谓"得法于课内，得益于课外"，要提高学生的阅读能力，必须将课堂教学的大门敞开，打破课内外阅读的界限，从课内延伸到课外，合理开发和利用各种阅读资源，实现阅读整合，激发学生阅读热情，指导学生广泛阅读，引导学生走进精彩纷呈的阅读世界。苏霍姆林斯基说："让学生变聪明的方法，不是补课，不是增加作业量，而是阅读、阅读、再阅读。"我国著名的语言学家吕叔湘先生也说，他学习语文，三分得益于课内，七分得益于课外。除了每学期语文书快乐读书吧推荐的课外必读书目之外，教师还应该有计划、有目的、有方向、有层次地根据学生的年龄特点和兴趣爱好在茫茫书海中找寻，推荐精良的课外阅读书籍。针对中低年级

孩子识字量不大，识字率较低，独立阅读能力尚不足的特点，可以选择一些图画多于文字的绘本、童话、故事书籍，还可以选择数学、科学等不同学科类别的书籍，让学生大量阅读，广泛涉猎，深入探究，学生会从书中了解古今中外的事情，探访未曾到过地方的风土人情，甚至可以跨越时空与书中的人物对话，以丰富的精神文化充实学生头脑，滋养学生心灵，让学生爱上阅读、学会阅读、读有收获。让课外阅读成为学生生命中的习惯，书籍终将成为开启学生智慧的钥匙。

3. 创建丰富的小学中低年段多元化阅读活动

好的课堂氛围必然会产生好的教学结果，创设充满活力、富有吸引力的课堂，是一名优秀教师的重要任务。老师们在教学中经常会碰到的懊恼就是，学生有时觉得阅读没意思，投入的积极性不高，究其原因，是教学的手段不够，仅用文字不如用音乐、影视等艺术形式更有魅力，课堂学习不如课外活动，要更多地组织学生参加活动。这对我们的启发是，一定要想方设法使用那些对学生更有吸引力的教学形式，让学生感受到阅读的魅力，逐步爱上阅读，直到爱不释手。

（1）要引入多元化的艺术形式

对很多学生而言，音乐、图画、影视等艺术形式有着非常独特的吸引力，运用得好，能够极大提升课堂效果。当然，这并不是说文字形式的作品魅力不行，不如其他艺术形式，而是因为声音、形象的艺术形式更直观，容易理解和把握，学生才更喜欢。将这些艺术形式引入课堂，将极大提升学生的注意力，引导他们快速进入阅读情境，产生良好阅读效果。我从2013年开始探索多元化阅读时，就大量尝试运用丰富的艺术形式来教学，尽可能压缩言传的时间比例，比如在课件中插播相关热点视频进行讲解，效果就很不一样。比如2021年底讲解有关爱国主义教育的课程，就专门安排同学们到电影院观看热门爱国主义题材电影《长津湖》《水门桥》《狙击手》系列电影，让同学们从一场场激烈的战斗场景中感受到志愿军战士坚强的革命意志。华为集团的孟晚舟被释回国时，组织学生观看机场迎接和孟晚舟发表演讲的视频，让同学们深切感受到自己生长在一个伟大和平的国家是多么自豪，更加热爱中国共产党、热爱祖国、热爱人民。

（2）要课内与课外结合

读万卷书，不如行万里路。真正的学问在祖国的大地上，要创造更多的条件把"课堂"搬出教室，让学生在课外实践活动中加强阅读的体验。以科普说明文《动物游戏之谜》一文为例，作者的语言一向比较严谨，对一些学生来说，严谨的语言阅读起来感情很苍白，亲和力不够，不爱读这样的书。为了达到教学目标，必须改变学生对科普说明文的刻板印象，必须让他们对科学知识有具体形象的体会，可组织他们到动物园参观。这种集体活动是一次难得的郊游和放松，是一次促进师生、生生交流的载体，更是一次通过现场观察动物活动理解课文的机会，同学们一定会非常喜欢。课文中提到的动物游戏在动物园中未必会出现，但如此的课外活动能让学生加强实践，强化观察和思考，这将极大提升学生对阅读科普说明文的兴趣，能够养成勤于观察思考的习惯，是与课堂教学相辅相成的重要教学形式，值得大力倡导。

（3）要构建亲子阅读模式

俗话说"近朱者赤，近墨者黑"。环境对人的影响是巨大的，家庭有良好的学习、阅读氛围，孩子自然而然受到熏陶和教化。在小学语文教学中，不仅要重视课外阅读，还要重视引导家长也加入阅读中来，培养良好的持续性的阅读习惯。建议家长做家庭阅读计划，制定一系列的阅读方案。首先可以将家庭某一个角落打造成阅读专区，孩子每天完成功课后，家长和孩子一起花半个小时甚至更多时间在这个位置静静看书。可以共读一本书，也可以读不同的书，读完之后可以畅谈书里描绘的故事，交流读书的心得，可以玩"你问我答"的游戏，等等。同时，每周末可以固定时间走进图书馆、书店，浸泡半天一天的，让孩子自由地在书海中遨游，之后还可以挑选自己喜爱的书籍买回家，让这样的阅读形成常态的"必修课"，持续激发孩子阅读的兴趣。"纸上得来终觉浅，绝知此事要躬行。"叶圣陶先生说过"天地阅览室，万物皆书卷"，还可以提倡家长和孩子从书中走出来，到更广阔的天地探寻知识的宝藏。例如读到《昆虫记》，不妨带孩子到公园里找寻昆虫的足迹；读到《海底两万里》，可以带孩子到大海边，有条件还可以潜水去看看海底的世界；读到《花背与小乌龟》，可以带孩子到花鸟市场买一只小乌龟回家饲养，等等。班级可以多开展相应的亲子阅读分享活动，亲子诵读比赛。总之，要想办法让家长参与和融入孩子的阅读生活中，陪孩子共同成长。

4. 构建小学中低年段多元化阅读的评价机制

一般而言，在组织课外阅读活动时，评价方式有过程性评价和终结性评价。而多元化阅读的流程不是由单独孤立的几个环节无序组成的，而是环环相扣的多环节科学流程，是一个完整的工作闭环，一个完整的教学过程。这个教学过程，并不是在向学生传输知识信息后就结束了，知识传输后的即时评价，以及后续的巩固拓展，是多元化阅读教学过程的最后一步，也是非常关键和重要的一步。这是因为，只有做好了这方面工作，才能为以后的每一次教学活动夯实基础，形成教学过程的良性循环。通过不同方式的评价，调动学生阅读的积极性，并且在此过程中继续推动学生深入进行阅读，发挥评价的督促和激励作用。这需要注重两个方面的工作：一是即时评价获得反馈。课堂的即时评价，以及学生间的互相评价，是一个非常重要的阅读教学环节，教师推动阅读多元化，那对应学生得到的评价也要多元化，这是一个重要的交流、反馈的过程，有利于学生在教师的表扬与勉励中加深对自己的认识，获得新的认知和提升。二是作业多元延伸评价反馈。课堂即时评价虽然很重要，能让教师及时掌握学情，但这种评价作用有限，主要是所涉及的学生、所获得的反馈不完整，不够全面深入，而作业就能很好地弥补这方面的不足，尽管教师不可能为每一个学生布置个性化的作业，但要尽可能布置多样化的作业，以期推动多元化阅读取得更好更扎实的效果。

（二）研究内容

根据多年的研究实践，本课题多元化阅读主要包括了四个方面，即多元化阅读内容、多元化阅读策略、多元化阅读活动和多元化阅读评价。多元化的阅读内容可以增大阅读量，扩大阅读面，增加阅读的品位。多元化的阅读策略可以提高阅读的速度、阅读能力和阅读质量。多元化的阅读活动可以促进阅读兴趣提升，延伸阅读空间，提供阅读契机。科学的阅读评价方法可以全面评价学生的阅读水平、阅读能力，增强阅读信心决心，促进提升语文核心素养。

1. 阅读内容的多元化

增加各版本教材的阅读，即除部编版外的其他版本教材，如同年段的苏教版、湘教版、冀教版等教材（根据课标要求）；增加经典诗词的诵读，每天进行经典古诗词的诵读；增加儿歌童谣的背诵，每个学期5本书，每天背5首儿歌；推荐课外阅读书籍，每学期推荐适合学生年龄的文学类、科学类、历史类的优秀书籍（根据学生兴趣点、年龄特点、能力发展水平）。同时充分遵从学生的意愿，鼓励学生自行选择阅读素材。

2. 阅读策略的多元化

不同的学生个体因综合能力、兴趣喜好、阅读习惯等诸多因素的差异，导致一种阅读方法未必适合所有的学生。根据阅读文章的特点，可选用解词析句法、质疑探究法、想象留白法、白描渲染法、勾圈标记法、搜索筛选法等策略。不同的文章应采取不同的阅读方式，比如精读、略读、吟诵、节奏读、配乐读、快读慢读等等。针对不同的文章体裁选择不同的阅读形式是非常必要的，如个性化阅读、全班共读、亲子诵读、表演读、表演情景剧等。

3. 阅读活动的多元化

可以是个人阅读、班级共读、亲子乐读，还可以开展一系列活动比赛等，如班级读书会、好书乐分享、诗词大会、绘画阅读、讲故事比赛、美文诵读比赛、配音秀、影视文学阅读表演、亲子经典诵读比赛等活动。

4. 阅读评价的多元化

通过纸质检测评价、课件抽查评价、网络打卡评价、互动考查评价、争星评优评价等，创建全方位立体科学的评价机制。

（三）研究的重难点

1. 重点

（1）探寻适合小学中低年段学生阅读的书目，增大阅读量，扩大阅读面。

（2）探索大语文背景下小学中低年段多元化阅读与群文阅读、主题阅读、海量阅读、整本书阅读等其他阅读模式结合的策略，提高阅读速度、能力和质量。

（3）开展多元化阅读活动，有效激发学生阅读兴趣，拓展学生阅读空间。

（4）构建多元化阅读评价机制，全面评价学生的阅读水平。

2. 难点

（1）中低年级小学生能力有限，他们在阅读一段文字的时候，第一印象取决于文字的内容是否为他们感兴趣的。如果缺乏兴趣，他们往往会丧失读下去的欲望和决心，这在一定程度上影响课题进行。

（2）不同的学生个体之间受到智力因素和非智力因素的影响，他们的阅读能力的成长有着绝对的差异性。所以有必要针对学生存在的问题展开指导，适当融入分层理念给不同的学生设计不同的多元阅读项目。

（四）意义

1. 理论意义

当前的语文课堂，对比以前虽然已经做了大量的改变，但是依然主要采取单一的文本教学手段，在比较大的范围内，传统的教学模式还是主导着课堂，学生的主体地位还是没有得到有效的体现。在具体教学中，教师重视对阅读方法的指点，但很少重视阅读兴趣的激发；重课内逐篇逐页精读，很少重视博览群书；重单篇文章的阅读，不重视整本书和多文本的阅读。教学内容和教学资源的整合利用不到位，阅读教学效率不高，难以实现教师、学生和文本三个重要因素同频共振。特别是大部分小学生都是碎片化、随意化阅读，他们不知道阅读哪些类型书籍，哪些是好书，是适合他们年龄能力水平的书，不同类型的书怎样自主阅读，安排什么时间读，怎样自主阅读，如何评价阅读的效果，等等。这一系列问题制约了学生阅读能力的提高，同时浪费了宝贵的学习时间和资源。大语文背景下的阅读包含多种阅读形式，如我们熟知的主题阅读、群文阅读、海量阅读等，也可以开展丰富多彩的阅读活动，可以根据年龄特点、兴趣爱好选择个性化的阅读内容，也可以互动阅读评价。多元化阅读作为大语文背景下的一种阅读模式，是传统较狭窄阅读向宽领域阅读、深度阅读的有力探索，是零碎阅读向体系化阅读、大量化阅读的探索。既顺应时代和国家的要求，又符合新课标语文阅读的理念，有效扩大学生的阅读量，增加学生的阅读广度和深度，还能间接增强其他语文综合能力。

2. 实践意义

这里需要进行多维度的分析研究，从正反两个方面进行阐述。从家长的角度讲，家长观念的落后，导致课内外阅读严重脱节。许多家长的心态、观念相比过去并没有改进多少，许多学生家长"望子成龙""望女成凤"，都希望读好课本，考出好的成绩，往往视课外书为"闲书"，如果发现子女阅读，就横加指责，要求子女"一心只读教科书"。从教师的角度讲，他们"一心只教圣贤书"，把大量的时间花在组织学生听写、背诵、写作等方面，似乎除此之外，没有办法提高学生的语文成绩，学生就不可能再阅读自己喜欢的课外书籍了，这样的结果就是学生的知识面狭窄，积累严重不足。从学生角度来说，通常难以养成阅读的习惯，整个小学阶段很少读课外书籍，特别是作业负担重，更是没有时间和兴趣阅读课外书籍了。即使有一些阅读的兴趣，也主要是漫画类的书籍，儿童文学气息的高质量读物太少，导致学生的阅读一直缺少一种有效的氛围，如果能够有效开展多元化阅读，那么效果就不一样了：一是阅读兴趣的角度。通过多元化阅读活动的开展，学生获得不一样的体验，充分感受到阅读的乐趣，更加喜欢阅读。二是阅读内容选择的角度。从学生平时选择阅读的书籍比较碎片化、随意化，过渡到有计划安排并选择适合学生年龄特点、符合学生身心发展的阅读书籍，对学生阅读能力的提高有重要作用。三是阅读形式的角度。学生从没有掌握阅读的方法，阅读速度和质量不高，到根据不同体裁的文章选择不同的阅读方法，并辅以适当的形式载体，进一步提高阅读质量效益，实现效益最大化。如亲子诵读，能同时促进语言能力和亲子关系，提升家长和学校的情感联系，学校和学生各方面工作会得到家长更多的支持。比如，以往大部分家长希望孩子阅读语文、数学这类主科图书，并认为课外书是闲书，不利于学习，很多家长带着孩子前往书店的时候只是购买练习册，对其他课外书视而不见。通过开展亲子阅读活动就不一样了，家长们就会关注课外书，帮孩子买课外书，可以说亲子阅读活动还改变了学生的阅读环境。可以说，大语文背景下的多元化阅读满足了小学生在各种环境下的阅读追求，推动阅读思想观念的转变，丰富了阅读手段，改善了阅读环境，提升了阅读效率，以及学生知识内化转化吸收的质量。

《课标》指出：阅读教学是学生、教师、教科书编者、文本之间对话的过程。时代的进步对人们的语言文字运用能力提出了新的更高要求，必须具有开阔的视野、开放的心态、创新的思维。今天的这个时代，阅读形态呈现出非线性、视觉性、互动性、浅显性等特征，阅读行为是移动化、数字化、个性化、碎片化、社会化等诸多特点的融合，这就要求我们必须高度重视和加强阅读工作，根据时代特点和需求创新并发展新的阅读方式。本人开展多元化阅读研究可以追溯到 2011 年，真正把这个项目作为课题来系统研究开始于 2017 年，研究了两年后，在 2019 年申报了校级、城区"十三五"规划课题以及 2020 年科技局的人才项目课题，整个研究过程持续多年时间，每个阶段工作如下：

1. 筹备阶段

由课题负责人宗菲菲提出研究主题，成立研究小组，确定课题组人员。课题组开会讨论研究内容与方案，设计研究步骤，展开课题申报工作；同时，通过调查问卷、课堂教学观察、试卷分析等，发现班级学生语文阅读存在的不足，如没有形成良好的阅读习惯，阅读兴趣不够浓，阅读面仍然狭窄等，导致阅读速度和质量受到影响。了解学生阅读的情况及综合语文素养现状后，课题组成员讨论确定课题研究阶段采取的具体实践措施及方法。课题负责人组织成员收集相关大语文背景和多元化阅读相关文献材料，利用知网、万方等互联网媒介对我国近年来有关大语文背景和多元化阅读的研究材料进行探究，并汲取其中的理论基础，通过报纸、杂志等传统渠道了解当前我国小学语文低年级阅读模式的局限，找到引入课题实践的切入点，把准课题研究主要方向和目标，确定研究重点。

2. 理论准备阶段

负责人一方面组织开展课题宣传、学习与理论研究工作，另一方面着手开展实践研究工作。首先采用问卷调查的方式，用问卷星设计一定的调查内容，对实验班的学生进行入学前调查，深入了解他们学前阅读的现状和特点，细致分析他们的阅读面、阅读时间、阅读广度、阅读方法等，为开展课题研究活动提供充足的依据，并制定具体的研究方案。负责人撰写开题的论证，组员们谈论论证的可行性和不足之处，进一步完善课题的研究步骤与方向。随后，向校级、城区级、市级的课题专家咨询请教，完善课题开题报告。课题组多次开会，不断学习明确《新语文课程标准》对学生阅读能力的要求，对海量阅读、群文阅读、主题阅读和整本书阅读等突破性阅读教学实践的阅读方式的前沿研究成果深层次学习和借鉴，分析和思考本课题的研究方向和目标，如果能够根据学生的年龄特点，再把阅读资源进行重整，不仅在阅读内容和形式上多元化，而且能适时增加多元化的阅读活动，并构建多元化的评价机制，那么可能会更好激发学生的阅读兴趣，扩大阅读广度和深度，培养良好的阅读习惯，提高阅读能力，促进语文核心素养的提升。根据时代的要求以及学生阅读的现状，结合不同方式的阅读实践研究，课题组老师们开始在所执教的班级开展大语文背景下的多元化阅读的实践研究。

3. 深入推进阶段

在对课题展开研究期间，课题组成员以执教班级为对象，根据实施计划进行调查分析研究，有步骤有计划地进行"大语文背景下小学中低年级多元化阅读实践研究"的方案实施工作，遵循统编版教材要实施 1+X 的教学模式，提倡少做题、多读书、读好书、好读书、读整本的书的理念，从阅读内容开始进行多元化阅读实践。课题组老师们经过不断的实践探索，确定增加各版本教材的阅读，如同年段的苏教版、湘教版、冀教版等教材；增加经典诗词的诵读，每天进行经典古诗词的诵读；增加儿歌童谣的背诵，每个学期 5 本书，每天背 5 首儿歌；增加散文、小古文、成语故事等自编的校本教材的阅读；推荐课外阅读书籍，每学期推荐适合学生年龄的文学类、科学类、历史类优秀书籍（根据学生兴趣点、年龄特点、能力发展水平等）。同时充分遵从学生的意愿，鼓励学生自行选择阅读素材。

在课堂阅读教学中，课题组老师们发现不同的学生个体因为综合能力、兴趣喜好、阅读习惯等诸多因素的差异，导致一种阅读方法未必适合所有的学生。课题组根据阅读文章的特点，总结出以下多元化阅读策略：针对课内文本的解词析句法、质疑探究法、想象留白法、白描渲染法、勾圈标记法、搜索筛选法，品词析句的精读法；针对文本延伸拓展类文章的泛读法；每个学期班级共读的书籍以及其他版本补充的教材文章的略读法；课外推荐阅读的书籍的扫读法等。不同的文章体裁选择不同个性化的阅读形式，如"全班共读、亲子诵读、表演读、打节奏读、吟诵、配乐读、表演情景剧"等。在课外阅读拓展中，通过开展班级读书会、好书乐分享、诗词大会、绘画阅读、讲故事比赛、配音秀秀秀、美文诵读比赛、亲子经典诵读比赛等活动，进一步增强阅读的情景，创设阅读的情节，深入拓展多元化阅读效果。

按照"目标设定、过程指导、评价方式"三个方面的系统性研究要求，通过构建纸质检测评价、课件抽查评价、网络打卡评价、互动考查评价、争星评优评价构建立体化科学化的评价体系，全面检测学生的阅读水平和阅读效果，让学生每一天的努力、每一点累积和进步在评价体系中都得到坐标标识和完整体现，借此增强学生持续阅读的信心和决心。

定期开展实验班级间的交流工作，让学生交流学习体验，并研究交流期间提出的问题、观察各自解决问题的方法、分析根本解决问题之道。定期开展课题专题观摩研讨活动，并在活动期间收集、分析、整理相关材料，定期撰写阶段性研究报告。

4. 总结鉴定阶段

对课题"大语文背景下小学中低年级多元化阅读实践研究"的研究过程及其相关资料进行系统分析，对课题资料分类整理、归档，形成文字资料，包括一年级新生入学前阅读现状调查报告、研究成果报告、教师研究的论文、活动案例、阅读活动计划、活动资料、学生的作品、视频等归类整理和研究成果汇编，做好结题的相关工作。

第二章

课程实践

一、探寻适合小学中低年段的多元化阅读内容

现行的语文部编版教材一年级上册共 14 篇课文和 10 个识字内容，一年级下册共 21 篇课文和 8 个识字内容。然而半年的时间只读一本课本，一年 365 天总共学习 53 篇课文，对于孩子而言远远不够。苏霍姆林斯基说："学生的智力取决于良好的阅读能力。孩子的阅读开始越早，阅读时思维过程越复杂，阅读时对智力发展就越有益。七岁前学会阅读，就会练就很重要的一种技能，边读边思考边领会。"联合国教科文组织研究表明：儿童阅读能力培养的关键期应该在一、二年级，中年级状态就会比较困难。也就是说我们应该让孩子 8 岁左右进入自由阅读状态。但进入这一状态的充分条件是必须首先认识 2500 个常用汉字，按照传统语文教学要求，小学生要在高年级才能认识完 2500 个常用汉字。这就意味着他们的自由阅读期被延伸到了 10 岁以后，那么小学阶段的课外阅读总量不少于 300 万字如何实现？因此，教师应当立足于教材，不能拘泥于教材，应该学习和思考如何实现从"教教材"到"用教材"。而小学语文多元化阅读教学就是让学生广泛阅读，大量识字，让学生提前进入自主阅读期。

（一）增加其他版本的教材阅读，丰富阅读内容

大量阅读会帮助学生累积识字量，沉淀厚重的文化底蕴。课题组成员对课文教学删繁就简，将节省下来的时间用在课外阅读指导上，从而开拓了阅读多元化的广阔空间。由于我的教学之路比较特殊，有过两个城市的执教经历，而不同城市所用的教材版本也不同，至今我上过苏教版、人教版和部编版三个版本的教材。我深知各版本教材的特点，于是在平时的教学中，会将多个版本的教材一起使用，互为补充，让学生接触到更多优秀的文章，丰富阅读内容。

1. 强化多版本教材阅读的有机整合

在学习教学计划中的教材文章基础上，强化各版本教材的有效结合和充分运用，除了部编版教材本身的课内阅读以外，增加其他版本教材的学习，如每上完一课、一个单元的部编版教材，对应阅读内容、题材相应补充阅读苏教版、湘教版的文章，进行多版本教材的文本阅读。

2. 对比思考不同版本教材的差异

引导学生在对比中学习思考，例如都是写秋天，有的用古诗表达，有的用现代诗表达，有的则用散文表达，不同的文体语言特点各不相同，进行对比赏析，在思

考中博采众长，为拓展学生的阅读视野打开不同的"窗口"，让学生在多元化的对比阅读中积累知识、汲取精华、锤炼思想。

例如，在部编版教材小学一年级语文上册的《秋天》阅读教学过程中，课文的教学重点是对"一"字不同读音的认知、理解和识记。文中"一群大雁往南飞，一会儿排成个'人'字，一会儿排成个'一'字"，对于"一"的二声和一声的不同发声和理解，学生在反复阅读中有了比较深的认知体会。补充苏教版教材小学一年级语文上册的《秋姑娘的信》一文的阅读，课文的重点是认知和掌握字的笔画，同时背诵"一封写给南去的大雁，让它们路上多加小心"这一自然段，通过这些文章阅读对比，让学生体会到秋天别样的风采和别样的韵味。湘教版小学一年级上册的《大雁》一文中：世界上谁最聪明？大雁在天上写着：人；学习从哪里开始？大雁在天上写着：一。这篇课文也是写"大雁"，但是角度不同，一个"人"字、一个"一"字告诉同学们要好好学习，做一个好学生。三篇课文都是写"大雁"，视角不同，语言风格不同，学习重点不同，学生在多元化阅读的对比和整合中认识到语文的博大精深、奥妙无穷。这种阅读很好地实现了大语文背景下主题阅读、群文阅读、海量阅读的有机整合。

（二）补充经典诗词儿歌的诵读，拓宽阅读视野

中国经典古诗词是中华民族的文化瑰宝，一直以来，我对经典诗词有一种特别的情感，总希望所教的学生都能像我一样热爱中华经典文化，被经典所熏陶和影响。自我工作以来，在课堂内外都尽可能地让学生积累背诵，因此历届学生都能脱口而出许多经典古诗词，在作文中对古诗词的运用可以说信手拈来。

莫琬嫣，我带的第一届学生，现在在广州当老师，她去贝江采风，在空间里留下了这些文字：

山缘旧木喜新客，贝江携阳引君行，
山脊拔地横四野，一川江波飘云天，
元宝山头天色暗，长风花絮入窗来，
浓雾带雨闹曲径，林深听得雨打石，
山外更有青山在，雾中更添落山云，
湍雾径从危山涌，更胜水落三千尺，
细涓森森向人村，几回廊桥雨里斜，
谁家红瓦稻花香，半山烟雨一木楼，

凭栏垂手看燕归，愿做隐士不羡仙。

《风雨寻楼》莫琬嫣

看到她发的诗后，跟她聊了起来。

宗老师：不愧是我的得意门生！

莫琬嫣：老师这样说我都不好意思了，没有当年您的启蒙教育和兴趣培养我也没有这样的情操。

宗老师：看了你写的诗，我不由得想起那时候给你们背的一首首宋词，当时背了很多首的，你还能想起哪些？

莫琬嫣：我记得第一篇是《苏幕遮》，还有《定风波》《忆王孙》，欧阳修和柳永的《蝶恋花》，还有苏轼的《赤壁怀古》《江城子》等，以及李清照的、李煜、晏殊父子等的，还有好多唐诗，还有汉赋大风歌，好多的，多数经典的都背了。我还记得一个星期背一首，您抄在黑板上面，课前都读，而且还得听解释，虽然当时不懂有什么用，但是为了出风头，还是努力背。到大了才知道价值，我们初高中的老师有时候谈起诗词或是一些积累，我都会，班上其他同学就眼睁睁地看着我，他们都用羡慕嫉妒恨的眼光审视我，我都会讲起您，讲我们小学班主任很好的，很会培养学生，然后她们总是点点头，我觉得很骄傲，很荣幸。

宗老师：你自己知道的，我特别欣赏你。

莫琬嫣：是啊，其实以前同学们都在说啊，我自己也是知道的，但不太懂怎么将老师教的知识发挥好，只能写写文章，在和其他人交流的时候就会提到您啊，但愿以后不辜负老师的厚爱，不说做出什么作为惊天动地的大事，但当好老师，做好传承是没问题的。要是当初没有老师的引导，我也不懂我现在会是什么样，有什么样的思想，总之有了一个很好的老师引领就觉得自己很幸运，可能这种就是缘分。

宗老师：你真的可以多写，把你的所见所感记录下来，不管有没有人欣赏和交流，这些都无所谓，这是对自己青春的年少，过往的经历的一种记录，是一种财富，希望能多看到你写的文章，当然，能够在刊物上发表更好。

莫琬嫣：以后我会经常写的，只要有灵感就好，其实这次来元宝山也想写点儿现代文，本来我来的时候就是琢磨着写现代文的，可是忍不住，诗比较简洁，不啰嗦，有味道。今天和老师交流仍然觉得很亲切，很享受，要是有时间促膝长谈肯定过瘾，就会有一种老朋友相会的感觉，往事旧事浮上心头，像刚泡好的美茶。

当天，莫琬嫣又写了两首诗。

路转山移叠重峦，近花迷眼，远树风华茂。

抬头望眼山破天，俯首天涯一茫茫。

连绵群山隔薄雾。

不见川流，只闻空谷水响苍穹处。

要问云高多少尺，伸手可拘一团烟。

《登山所见》莫琬嫣

醉眼看景，一脚登天有何难。

醉卧星辰邀日月，酒香酌满杯。

不叹人间最变幻，高歌亮东方，若君醉方休。

几何得此入佳境，云里雾里赛神仙。

《登山所感》莫琬嫣

我的第二届学生——李沂馨同学，从一年级到六年级，整日在古诗词里徜徉，出口即是文言文，在小学毕业考试的作文中，她竟然通篇用文言文写作。虽然词句运用仍然稚嫩，但是已经明显感觉出她对文言文的热爱，以及在古典诗词的影响和熏陶下的积淀。

我和麻雀

记某月，于泥地拾一小雀。赤发幼喙，看似小小稚鸟。不由其之，翅羽完好，翱翔成憾。不忍恃其遗其，便将小雀带入学校。因前额存有青斑，故而名为青额。

若因迟到，原："为拾麻雀相助。"众人听之，嘲笑："不值。"内心尴尬，为何表真语？若说假话，必不遭讽。

藏于菜园，枯草为床，落叶为被，乃早已奄奄一息是也。由捧手心，惊未挣扎，叫声嘶哑，似多日滴水未进。

给予食水，青额不肯进。晚夜归家，竟见青额死于窗前，脚爪冰凉。其一眼已瞎，血液奔淌，双眼牛睁，暗哑反光。闻其逝，哭问苍天：惭愧！至今乃懂，小雀宁死于荒野，亦不甘为奴也。然，知其晚矣。青额已去，今世无缘再见。

记某日，再到菜园，再见青额长眠之地，不忍再观。便拾被为落叶，竖笔而写：

"江洋小雀青额之墓 卒于元年十二月九日，葬于十二月十日。立载纸为其碑，掠落叶为其墓。"

李沂馨

　　看着自己所教的学生对诗词有如此深刻的感悟，从诗词当中汲取了那么多的知识养分，同时明白很多做人做事的道理，这更让我坚定了开展多元化阅读的道路。

　　多元化阅读在中低年级强化经典诗词和儿歌背诵，让学生拓宽视野，从古诗赏析中感悟到古代文言的奥妙，并从儿歌背诵中加强对成语、俗语、歇后语、谚语、多音字、叠音字的训练，在背诵中将这些文化知识内化为自己的知识体系。

　　1. 儿歌童谣

　　说起童谣，押韵上口，通俗易懂，有趣好玩，我特别喜欢。我不仅读过很多古今童谣，而且创作的很多童谣作品获得自治区、南宁市的一等奖。

　　记得 2016 年南宁市地铁开通的时候，我创作了一首有关地铁的童谣，获得广西壮族自治区和南宁市童谣创作比赛一等奖，同时，这首童谣被汇编到广西师范大学出版社出版的，由广西壮族自治区精神文明建设委员会办公室主编的《童心唱响中国梦》一书当中。而后，我变身为导演、编剧和制片人，制定拍摄计划，撰写拍摄脚本，找寻背景音乐，组织同学们到南宁市各标志性景观，把这首童谣作品拍摄成了 MV 传唱。地铁开通后，这个 MV 作品在地铁车厢内滚动播放。很多家长看到了不住地夸赞，孩子们开心不已。

地铁通到我的家

南宁市桂雅路小学　宗菲菲

锣鼓声声笑语喧，
我把爷爷手儿牵，
来到南湖公园边，
看看地铁新容颜。
白子弹，两头尖，
地面上，看不见，
弯来拐去绕地间，
纵横交错八条线。
地铁根根像琴弦，
奏响南宁新明天。

　　记得 2017 年共享单车开始流行的时候，我又创作了相关内容的童谣，同样获得广西壮族自治区和南宁市童谣创作比赛一等奖。我们学校也把这首童谣拍摄成 MV，此视频获得了南宁市童谣传唱比赛一等奖。

小黄车，真正好

南宁市桂雅路小学　宗菲菲

小黄车，朝我笑，

一排排，一道道。

用手机，扫一扫，

锁开了，满街跑。

跑到目的地，把他摆放好。

离开小主人，记得要锁牢。

节约能源最重要，低碳出行倡环保。

和谐共享风尚高，文明家园齐创造。

中低年级孩子喜欢诵读童谣儿歌这种浅显有趣、朗朗上口的篇目，在平时的教学中要适当补充这方面的课外内容。例如，一年级上学期背诵《三字童谣》《拼音儿歌 77 首》两本书；一年级下学期背诵《成语儿歌 100 首》《俗语儿歌 100 首》《歇后语儿歌 100 首》《谚语儿歌 100 首》《新三字童谣 128 首》五本书；二年级上学期背诵《多音字儿歌 200 首》上下册，《成语接龙》上下册，以及《叠音词嗨起来》五本书；二年级下学期背诵《韵读成语》上下册，《成语接龙大闯关》以及自编的《古诗接龙》教材四本书。

活动伊始，对于刚入学的同学们来说，每天需要背诵 5 首儿歌，的确有些难度，毕竟学生连字都不识几个，年龄又偏小，想要一个晚上背诵下来，很多家长和孩子都"叫苦连天"，个别家长甚至想打"退堂鼓"，在我的引导和鼓励下，他们还是坚持下来。慢慢地，一个学期下来，家长和孩子们发现，他们背书的速度越来越快，效率越来越高，而且识字量越来越大，一个晚上背 5 首儿歌根本不是个事儿。此时，孩子们不知道的是，他们识字量在飞速增长，记忆力在急速提高，不仅如此，很多孩子读多了，背多了，竟然不经意也能写了。

学生背完《三字童谣》后，自己学着创作。

小牙刷

小牙刷，用处大。

早上刷，晚上刷，

防蛀牙，全靠它。

左嘉烨
2018 年 6 月 8 日

甜甜圈

甜甜圈，圆又大，

小朋友，都爱它。

郑瑞彤

2018 年 6 月 10 日

歇后语

歇后语，真有趣，

看一眼，逗乐你，

知识多，有意义，

背五首，记心里。

杨岳诚

2018 年 6 月 10 日

小黄鹂

小黄鹂，唱得好。

是谁呀，把你教？

小鸭回家

小小鸭，嘎嘎嘎，

天黑了，快回家，

吃饱饭，找妈妈。

谢天意

2018 年 6 月 19 日

端午节

五月五，是端午，

小朋友，来跳舞。

吃粽子，划龙舟，

真开心，过端午。

黄铂俊

2018 年 6 月 19 日

小雨伞

小雨伞，脾气怪，
下雨天，才撑开。

卢泓良

2018 年 6 月 20 日

游泳池

游泳池，方又大，
大人小孩喜欢它。
学蛙泳，学蝶泳，
强身健体顶呱呱。

聂隽轩

2018 年 6 月 20 日

2. 唐诗宋词

我从小就热爱文学，喜欢阅读，更喜欢传统诗词歌赋。古诗词是传统文化当中经典中的经典，虽然离现代的我们很遥远，我们不能穿越到古代，但是我认为诗歌是有生命的，它可以带着我们徜徉那段历史，体验那时的风土人情，感受人物的悲欢离合。

从教十多年，我一直非常重视诗词的教学，希望所任教的每一届学生都能接受诗词的熏陶和滋养，不仅是平时，每个寒暑假都在不断学习积累经典，一般而言，寒假时间短，需要背 15 首古诗词，暑假背 25 首古诗词，这些古诗词都是经过我仔细斟酌、挑选出来的适合孩子年龄段的篇目。随着孩子们背的古诗越来越多，后来，我把这些古诗列出来，同时再增加一些古诗的篇目，编辑成《古诗接龙》，使每一首古诗的最后一个字的字音，就是下一首古诗的第一个字的字音，首尾相接、环环相扣、节奏明快，开展古诗接龙让学生记得快、记得牢，孩子们读起来朗朗上口，读得津津有味，一旦开口读都停不下来。

实验班级在一、二年级背诵的古诗词达到 150 多首，成语积累 2000 余个，让学生充分体会到中华汉字文化的无穷奥妙，为学生提升知识素养和文字功底奠定坚实的基础。

3. 自编校本教材

根据中低年段学生的年龄特点，以及所教班级学生的阅读兴趣，我带领课题组成员编写了有关童话散文、小古文、成语故事、寓言故事、古诗接龙等内容的校本教材，更进一步丰富阅读内容，拓宽阅读视野，提升阅读广度。

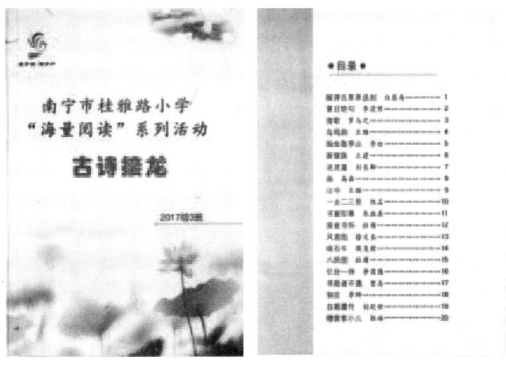

课题组老师编写的《古诗接龙》

课题组老师编写的"成语故事"校本教材

课题组老师编写的"寓言故事"校本教材

课题组老师编写的"小古文"校本教材

课题组老师编写的"童话故事"校本教材

课题组老师编写的"儿童诗"校本教材

（三）推荐课外阅读书单，提升阅读广度

　　书籍是人类进步的阶梯，是全世界的营养品。学生应该多读书，读好书，好读书。教师应该做到的是不断引导学生通过不同形式和渠道阅读书籍、走进书籍、领悟真谛。我一直保留着一个习惯，就是会在学生生日的当天送上一本好书作为礼物，希望他们多和高尚的人对话，和书籍交朋友。

2002级学生岳鑫：宗老师送我那本书，我还保存完好，一点皱褶都没有。

2011级学生陆柯羽：生日时宗老师送给我的书，我一直珍藏着。

　　读书是一件美事，除了送书，我还会根据中低年级学生的年龄特点和兴趣爱好，每学年推荐适合学生阅读的书籍，这些书籍有的是绘本类的，有的是科学类的，有的是童话类的，还有的是小散文类的，等等。引导学生在课堂上朗读，在课间阅读，在家里共读，争取在任何时候任何地方都可以读书。通过大量的补充阅读，学生的阅读能力快速提高。

　　1. 快乐读书吧

　　"快乐读书吧"是统编小学语文教科书的一大特色栏目，目的是激发学生的阅读兴趣，让学生感受阅读的快乐，打开阅读的视野，习得基本的阅读方法。在每个年段的教学中，我都会补充以下内容：一年级"和大人一起读"相关的篇目，二年级上学期《小鲤鱼跳龙门》《小狗的小房子》《一只想飞的猫》《歪脑袋木头桩》《孤独的小螃蟹》，二年级下学期《七色花》《神笔马良》《愿望的实现》《一起长大的玩具》，三年级上学期《稻草人》《格林童话》《安徒生童话》，三年级下学期《中国古代寓言故事》《伊索寓言》《克雷洛夫寓言》《拉·封丹寓言》，四年级上学期《中国古代神话故事》《希腊神话》《山海经》《世界经典神话与传说》，四年级下学期《中国的十万个为什么》《十万个为什么》《看看我们的地球》《灰尘的旅行》《人类起源的演化过程》。

2. 经典读物

课堂内外适时提供大量的经典读物，之前提及低年级给孩子每天背诵很多儿歌，而中年级孩子有一定的阅读水平之后，指导他们阅读相应的读物，例如三年级上学期《唐诗故事》《宋词100首》《名言警句》《中华成语千句文》，三年级下学期《读老子 学成语》《读历史 学成语》《读名言 学做人》，四年级上学期《增广贤文》《声律启蒙》《世说新语》，四年级下学期《笠翁对韵》《幼学琼林》《训蒙骈句》等等。

3. 课外阅读推荐书籍

国家规定九年义务第一学段（1—2年级）：指导学生阅读浅近的童话、寓言、故事，激发阅读兴趣，享受阅读乐趣，课外阅读总量不少于5万字；第二学段（3—4年级）：养成读书看报的习惯，课外阅读总量不少于40万字。如果平时仅仅阅读课本的文章很难达到国家规定的阅读量，因此，我每个学期都会根据学生兴趣点、年龄特点、能力发展水平，向低年级学生推荐50—60本的课外书，向中年级学生推荐70—100本的课外书，向高年级学生推荐100本以上的课外书。在课外书的选择上，我也是下足了功夫，尽可能拓宽阅读面，让学生接触各种类型的书籍，其中包括了汉字类、童诗类、绘本类、童话类、科普类、数学类、小说类、电影类等。

年级	总数量	书籍类型比例分配
一年级	60本	汉字音韵类6.67%、童谣童诗类1%、漫画绘本类31.67%、童话类15%、小说故事类8.34%、电影类5%、其他类23.34%
二年级	60本	汉字类5%、童谣童诗类1%、漫画绘本类23.34%、童话类16.67%、小说故事类1%、电影类6.67%、其他类26.67%
三年级	70本	益智侦探类4.2%、成语类1.4%、经典名著类5.7%、古典名著类1.4%、漫画类1.4%、儿童文学类5.7%、绘本类8.6%、科普/百科11.4%、童话类30%、神话类7.1%、魔幻文学类1.4%、小说类8.6%、故事类14.3%、图画类2.9%、想象类1.4%、传记类1.4%、校园日记类1.4%、儿童哲学类1.4%、地理类1.4%
四年级	70本	绘本类5.7%、作文指导类1.4%、儿童文学类1.4%、小说类20%、童话类21.4%、故事类24.2%、植物类1.4%、自传体小说类1.4%、纪传类1.4%、科普/百科2.9%、经典名著类5.7%、想象类1.4%、艺术史类1.4%、图书类1.4%、儿童文学类2.9%、诗歌类4.3%、戏剧类1.4%

从上面表格可以看出，不同年级推荐书籍的种类有所不同，低年段学生以形象思维为主，识字不多，主要安排多一些童话、漫画、绘本类，而中年级学生逐渐从形象思维向抽象思维过渡，数量也有所增加，简单的图画类书籍已不能满足年龄日益增长的学生的需求，这个阶段安排不同类型的书籍，旨在加强知识的广度和深度，既让学生完成对推荐书籍的针对性阅读和个性化阅读，又充分鼓励学生自主选择素材阅读。

二、探索有效的小学中低年段多元化阅读有效策略

不同的学生个体理解能力、兴趣喜好、阅读习惯等存在诸多差异，一种阅读方法未必适合所有的学生，课题组教师决定对部分阅读策略进行简化处理，以学生阅读方式和阅读时间的安排为切口，摸索学生找到阅读真谛和魅力的方法策略。

（一）阅读的方法多元化，提高理解分析能力

阅读的本质就是要读懂内容，理解体会作者所要表达的情感。不同主题、不同内容的文章需要运用不同的阅读方法，在部编版教材的课文教学中，经常采用以下方法：解词析句法、质疑探究法、想象留白法、白描渲染法、勾圈标记法、搜索筛选法，品词析句精读；课堂上针对文本延伸拓展类的文章可以泛读；每个学期班级共读的书籍以及其他版本补充的教材文章略读；课外推荐阅读的书籍可以扫读等。通过不同阅读策略的运用，提高不同学生对作品理解分析的能力。

部编版小学语文教材每个单元都设置不同题材的文章，提供多项阅读体验手段，包括留白想象、朗读体会、设问质疑等。开展阅读时，可以根据班级和学生的情况选定合适的阅读策略，让学生沉醉在生动有趣的阅读情景中。例如课文《乌鸦喝水》，在课堂中让学生先粗读课文前面部分，充分鼓励学生猜想"小乌鸦用了什么方法才喝到水的""如果你们就是那只可爱的小乌鸦，要怎么样才能喝到水呢"，这就瞬间激发出同学们的好奇心，他们就七嘴八舌发言讨论，老师可以选择适当的时机顺势展示文章的后面部分，与学生探讨"乌鸦喝到水的手段"的巧妙处，同时引导学生掌握乌鸦可以喝到水的基础原理，在课上做这样的实验，让学生学到更多重要知识点。为了让学生深刻认知成语，懂得如何运用成语，课题组老师在课外阅读环节给学生介绍了《中华成语故事》一书，动员学生翻阅其中的1—3篇故事，并总结个人的感受和观点，让他们有效提升阅读理解能力。

又如，教学古诗《黄鹤楼送孟浩然之广陵》，在引导学生理解"烟花三月"这个词时，教师要先引导学生理解"烟花在现代是什么意"，然后进行古今意思对照理解。学习古诗词很重要的一个方法就是看注释，学生通过注释明白，烟花就是花儿繁茂，如浮动的烟云。再通过想象留白的策略，引导学生想象这样的美景用哪些词语形容。（　　　　）的三月下扬州，学生纷纷举手"繁花似锦""姹紫嫣红""柳绿花红""百花盛开"……教师顺势引导，这些词语太美了，让我们把这些词带到诗句中读一读吧！此时，你的脑海里浮现出怎样的画面？学生想象畅谈"烟花三月"的美景图。接着，通过 PPT 出示烟花三月美景图，带着优美的配乐，带领学生一起走进烟花三月的扬州，领略烟花三月之美。教师再次引导，你还想到了哪些描写春景的诗句呢？教师激活学生原来积累过的一些词语和诗句，用它们去解读正在学习的诗句。最后，让同学们再次朗读诗句，以读促悟，感受烟花三月是一片多么灿烂、多么绚丽的景色。

（二）阅读的形式多元化，提升思考创新能力

不同的文章体裁，要选择不同阅读形式，如全班共读、亲子诵读、表演读、打节奏读、吟诵、配乐读、表演情景剧等。对于一篇文章的理解不同，读的形式也可以不一样，同一篇文章，有些学生喜欢配乐有感情地朗读，有些学生喜欢打节拍记忆性地朗读，有些喜欢群体分角色朗读，还有些喜欢表演式朗读。通过不同形式的朗读，可以有效激发学生阅读兴趣，提升理解思考能力。

例如课文《司马光》，阅读这篇文章期间，教师根据故事剧情、对话等元素进行了剧本式的改编，要求学生扮演司马光及其伙伴。这时学生的阅读兴趣格外高涨，快速沉浸在文章剧情里，甚至还会对台词等进行二次改编。学生完成活动后，教师顺势提出几个相关问题，如："生活中遇到此类危险，应该如何救人，或完成自救？""生活中还有哪些情况是危险的，又该如何远离这些危险？"通过如此有趣的阅读体验，让救助知识、安全意识教育融入平时课堂中，既完善学生知识结构，又提升学生的生活技能，实现阅读效能最大化。

在《曹冲称象》的阅读教学中，为强化学生对曹冲称象过程的质疑、探疑、解疑，培养学生探究问题、思考问题、解决问题的能力，教师要在帮助学生明确阅读思路、方向、方法的基础上，将主动权和导演权交给学生，让他们自己分配角色，采用表演情景剧、配乐读、质疑探究三种方法融合的阅读形式，根据剧情设置人物、语言、动作、背景等，设计的过程可以参考书本直接进行情景再现，还可根据学生想象开

展艺术加工创新，变化人物出场的顺序，先让曹冲出场，作为旁观者，静静地观察、认真地思考，当大家都无计可施时，他才说出自己的想法。在情景表演中，学生设置的背景和曹冲认真观察、仔细思考的表演尤其值得关注，对学生在表演中的创新点、闪光点，教师更要及时表扬鼓励。这种多元化阅读的形式直接改变了传统阅读的局限性和枯燥性，通过多种形式，让阅读变得更灵活、更丰富、更有效果。

又如课文《饮湖上初晴后雨》，诗人苏轼用28个字展现了西湖的美景，诗中有画，画中有诗。课上，我让同学们用自己喜欢的方式读，可以加动作读，可以用吟唱的方式读，可以配音乐读等，读出诗中的画、诗中的情。在全班自由练习朗读之后，学生1说要加动作读，她一边诵读，一边辅以各种动作。我顺势评价，好美的西湖，好美的小西施，有时候我们加入肢体动作就可以把我们的情感表达得淋漓尽致。学生2说想用吟唱的方式读。我提示他诵读时注意平仄的长短，他随即像古人一样吟唱。学生3说想配上音乐读。这名学生在音乐的烘托下，读得津津有味。最后，我引导学生一遍又一遍地诵读这首诗：

师：你们知道吗？苏东坡在杭州做官的时候，为了保护西湖，他不惜多次上书朝廷，不惜多次奔走相告，不惜贱卖自己的字画，修筑了苏堤，疏通了西湖，还修建了三潭印月。刚刚完成长堤修筑的苏轼泛舟西湖，心情正佳，诗情满溢的他随即吟诵——

全班学生齐读。

师：千年后的今天，西湖依然水光潋滟，仍旧山色空蒙，但湖上已不见饮酒之人，只有西湖边上苏东坡的雕像深情矗立，他对西湖的爱已融入诗中，成为千古绝唱——

全班学生再次诵读。

师：我们把西湖美景深深印在脑海中，一起试着背一背。

全班学生背诵古诗。

师：同学们用自己喜欢的方式再读一读这首诗，体会诗人的心情吧。

全班学生有感情地齐读。

师：苏轼的诗现存约两千七百余首，其诗题材广阔，豪放旷达又不失婉约，善用夸张、比喻等修辞方法，老师推荐大家读一读这两首诗《望湖楼醉书》《中秋月》，大家课后再深入领略苏轼诗的艺术风格。

古人云："书读百遍，其义自见"，古诗尤其要重视诵读，因此，古诗教学中采取范读、个别读、加手势、配乐吟诵或吟唱等多元化的朗读形式，熟读成诵，让学生在读中有所感悟,在读中培养语感,在读中受到情感的熏陶,加深体会诗的含义与感情。最后,再通过补充苏轼的资料,推荐古诗的方式,让学生感受诗人的风格,领略古诗特有的魅力。

三、创建丰富多彩的小学中低年段多元化阅读活动

我担任学校的德育处副主任,经常根据不同节气、节日以及上级安排的主题,组织全校同学开展有益身心、寓教于乐的活动,各种活动的组织开展通过游戏、比赛等学生喜闻乐见的活动方式,强化多元化阅读活动的创意性、趣味性、互动性,例如通过班级读书会、好书乐分享、诗词大会、讲故事比赛、美文诵读比赛、亲子经典诵读比赛等活动的开展,让学生在活动中充分体会阅读的快乐和美好,真正爱上阅读,实现高质量阅读。

(一)父母参与,实现多元化亲子的阅读尝试

亲子阅读,是孩子爱上阅读的最好方式。据问卷调查,大部分家长都有跟孩子阅读的习惯,少部分家长每天都能坚持跟孩子共读。部编版一年级上册第一单元的"快乐读书吧"其中的一幅插图内容就是:我经常和爸爸妈妈一起读有趣的故事书。我从一年级起,就强调父母和孩子共同学习、一起成长,开展"和大人一起读""亲子共读"活动等,有效架起父母、孩子和书籍之间的交流桥梁,让亲子关系更加亲密无间,让孩子更加爱上阅读,将多元化阅读融入到家校互动教学之中。

一年级上下册的语文书设置了"和大人一起读"板块内容,为了增强阅读的效果,我结合每一篇阅读篇目,制作了反馈表,其中包括阅读人员、阅读形式、阅读情况、认字统计、问题回答等,除了理解阅读内容,还针对文章内容开展一些有意义的活动,让父母陪同孩子一起阅读,一起收获。

"和大人一起读"反馈表	
班别:_____　　　姓名:_____　　　等级:_____	
阅读题目	语文书P39　《剪窗花》
阅读时间	_____ 年 _____ 月 _____ 日

阅读人员	爸爸 _____ 妈妈 _____ （请打√，根据实际可多选）
阅读形式	齐读　接力读　分角色读　拍手读　表演读（请打√，根据实际可多选）
阅读次数	一次　两次　三次　四次　五次　六次　七次　　　（请打√）
阅读情况	不流利　基本流利　流利　很流利　（请打√）
认字统计	在阅读中原来不认识的字，现在认识了，请写下来。
回答问题	1. 故事中的我学奶奶剪窗花剪了（　）种图案？（请打√） ①鲤鱼　②鸡　③鸭　④喜鹊　⑤雪花　⑥梅花　⑦胖娃娃 2. 读完故事，我知道剪窗花需要用（　）？ ①尺子　　　②剪刀 3. 剪窗花是一种剪纸艺术，一般贴在（　）？ ①窗户玻璃上　　②桌子上 4. 贴窗花是古老的传统节日习俗，一般是（　）的时候贴的。 ①中秋节　　　②重阳节　　　③春节 5. 剪窗花一般用（　）的纸呢？ ①黄色　　　②红色　　　③蓝色 6. 给大家欣赏几幅窗花作品。 7. 我也要和爸爸妈妈一起剪窗花，请将剪好的窗花贴到纸的背面。

（二）主题阅读，创设多元化阅读氛围

要创设多元化阅读氛围，很有必要充分激发学生的阅读兴趣，让阅读成为学生的自发行为，让阅读成为快乐的学习体验，因此班级常常以各种主题组织阅读活动，如以"春天""冰雪""散文""名著"等为主题开展活动，为学生提供多元化的阅读机会。

例如，开展班级读书会活动时，通过设置"自然现象"的阅读主题，引导学生选择与之相关的内容，根据自身兴趣爱好选择阅读展示方式，其中有的学生采取配乐诵读的方式朗读了苏教版课本中的《水乡歌》，有的学生采取讲故事的方式朗读了《雾在哪里》和《雪孩子》，还有同学采用了亲子诵读的方式制作了湘教版课本中的《小溪拍照》和《风姑姑的照片》视频，不同形式和风格的阅读作品的呈现都实现了阅读空间的延伸，并为学生提供了多元化的阅读契机。通过多种形式的阅读表演的呈现，学生在创意互动中从不同风格的阅读体会中感受到大自然的奥妙无穷，培养学生敬畏自然、热爱自然、热爱生活的思想情感，并引导学生认真观察生活，从生活中获得知识、获得美的感受和体验。

又比如，班级每学期都开展的"走进名著"主题阅读活动，四年级上册时，在第 25 个世界读书日来临之际，班级开展了阅读《西游记》项目式主题活动，老师和学生一起读经典、闻书香、手不释卷读好书。第一阶段通过网络直播课，引导学生读封面、封底、书名、作者、朝代、主编、翻译、出版社等，让学生了解章回体小说的序、跋和章回，比较原著、青少版和少儿版三个不同版本的回目的撰写，观看电视版《西游记》第一集，阅读书籍《西游记》第一回，指导写自编的配套练习"章节阅读卡"第一回，教学概括主要内容的 5 种方法以及如何做批注。第二阶段每天完成"章节阅读卡"，学生上传作业，教师线上批改。第三阶段开展项目式活动，如用思维导图方式进行经典人物形象分析，画出书中所出现的兵器，按照杀伤力排行，手绘唐僧师徒四人取经线路图等。第四阶段评比展示，按照项目内容在教室里分区域进行展示，学生观摩学习。学生通过此次活动了解主要内容，感受精彩情节故事，把握主要人物的性格特点，积累好词好句，体会神魔小说想象的神奇，作品人物中的真、善、美，从中撷取人类的智慧和智者的箴言，扩大积累，激发热爱名著的兴趣，提高文学修养，弘扬民族传统文化。

宗老师："如果有天堂，那里一定是图书馆的模样。"知识是人类进步的阶梯，阅读书籍是获取知识、开阔眼界、了解人生、明白事理最重要的方式和最好的途径。

孩子们，博览群书吧，希望你们在有益的课外书籍中得到精神的愉悦，并且把优秀的书籍推荐给大家，一起分享，一起成长！

叶发森妈妈：宗老师直播教学，晚上8点开启名著《西游记》阅读之旅，宗老师讲解得真好，棒棒哒！

苏郁昕妈妈：我们班才华与美貌并存的当红女主播开课啦。今晚开始，亲爱的敬爱的宗老师带领孩子们探索《西游记》的奥秘。娃听得津津有味，宗老师辛苦啦！

郝雯惜妈妈：优秀的宗老师带领着优秀的孩子们"走进名著"，好棒呀！

刘港儿妈妈：春暖花开，陪孩子在一起学习，是最简单的幸福。

曹彦唯妈妈：宗老师，您开展的"走进名著《西游记》"这个活动做得太好了，对孩子们以后初中高中做阅读理解有太大帮助，指导怎么去提炼重点，养成读书做笔记的习惯。不至于像以前我们读书的时候语文在阅读理解丢好多分，好可惜的。一句话，我家娃能做您的学生真是三生有幸，如果以后有老二，我也想让老二跟你的班。

王素涵妈妈：宗老师，阅读资料我托同学妈妈帮忙带回来的，现在刚翻看到，认真翻看，我太佩服你了！不过，最多最多的是感动！无法语言形容的感动！

邓皓铭妈妈：宗老师，您这次开展的名著精读真的做得很好，这样的精读法是我们这一代人大学时才学到的，而您所指导的三年级小学生就能做到了，这样的读书方法孩子们将终身受益。前几天我跟其他城区的几个校长谈起您带孩子们进行名著精读，他们都称赞不已。孩子们有您这样的老师是一辈子的福气，您很用心，您辛苦了！

宗老师：今年的读书日正值抗疫时期，不过，病毒虽然将我们的生活按下减速键，却停止不住我们阅读书籍的脚步，最是书香能致远，让我们在书山里探宝，在学海中拾贝，以书为伴，用书香浸润心田，让阅读成为我们终身的习惯吧！

（三）配音秀秀秀，打开多元化阅读空间

　　语音模仿对语言学习有着巩固基础和提高语用的效果，为了让孩子们更好地把握语言表达的语音、语调、节奏，体验各种不同人物的声音和情感，自如地控制自己的声音，切实提高普通话水平，提升作品阅读理解力，班级特开展"配音秀秀秀"阅读活动。

　　配音的内容为中央电视台的经典栏目《美丽中国》《航拍中国》《中国的茶》《动物世界》等的旁白配音，热门的影视剧动画片《哪吒》《小猪佩奇》等的角色配音，同时，结合当下疫情，赞扬冲锋陷阵的医护人员，安排了《致敬伟大的白衣战士》等题材的配音。每天晚上八点，活动准时开始，教师发配音内容、诗歌赏析或作品简介，并做好配音作品示范。学生学习作品内容，听配音示范，随后进行配音练习，发自己的配音到群里，老师点评反馈每一名学生的配音情况，学生互相倾听点评，等等。开展配音秀秀秀，是一项重要的尝试，让学生的阅读空间不限于报纸、书籍这类纸质读物，有效地拓宽学生多元化阅读视野，深入打开阅读空间。

刘港儿同学在认真地给作品配音

2020 年 1 月 14 日

【配音秀】打卡第一天

内容：《盼望》席慕蓉

作者简介：

席慕蓉的诗歌多写爱情、乡愁、时光和生命，爱的抒发已成为席慕蓉诗歌的第一主题。而在这些爱的情感中，有甜蜜，也有忧愁。本诗作者以一个女性特有的细腻视角，从"一生"和"一瞬"的时间反差，浓化了诗的情味。爱，不过就是"一瞬"，跟着是永远的别离，却要用"长久的一生"来"回首"它。我盼望的是获得短暂的快乐，为此甘愿受到长期的"一生"的痛苦折磨。

朗读这首诗的时候，节奏可以放缓慢些，情感浓郁而饱满。下面是宗老师的配音作品，请欣赏！期待大家的作品哦！

2020 年 1 月 17 日

【配音秀】打卡第四天

内容：《山坡羊　潼关怀古》张养浩

诗歌赏析：

如果天下安定，统治阶级定要大兴建设，劳民伤财，百姓不好过；如果国家灭亡，灾难四起，战火不断，百姓也会受苦。此曲抚今追昔，从历代王朝的兴衰更替，感悟到最底层人民的命运，表达了作者忧国忧民的伟大情怀。

朗读时写景部分虽是写景，却也在抒情，读的时候声音须大气，要读出所描写的山的雄伟和水的奔腾，同时，也要深沉，因为这其中有作者的无限伤感。最后一句直抒胸臆，要用饱满的气息，加强深沉的感慨。

下面是宗老师的配音作品，同学们，你们也赶紧来读一读吧！

2020 年 1 月 30 日

【配音秀】打卡第十七天

内容：《致敬　伟大的白衣战士》

诗歌赏析：

2020 年春节，中国武汉出现了新型冠状病毒疫情，在这场必须打赢的战斗中，人人都是战士，人人都在"拼杀"，人人都要付出巨大的牺牲。战场不止在武汉，全国甚至全球正同仇敌忾，凝聚力量，奋起抗击疫情。

大疫当前，谁敢立马横刀？唯我中华儿女，唯我白衣战士。风萧萧兮易水寒，不除疫情兮誓不还！让我们挽起手来，筑起抗击疫情新的长城。让我们向武汉致敬，向中国致敬，向全民致敬！

下面是宗老师的配音作品，同学们，让我们一起读一读向白衣战士致敬！

以下是我对孩子们每天发的配音的评价。（部分）

@ 郑瑞彤　瑞彤，很积极的练习配音，非常值得表扬呢，现在你的朗诵越来越好了，字音咬得越来越准。如果能多听一听老师朗诵，不要读错字音就更完美了。

@ 郝雯惜　雯惜，你整体的语音面貌很棒呢，情感把握也比较到位。假设你多练习几次，有些断句再准确一点就更棒啦。

@ 韦沣栩　沣栩，你的声音自带磁性，很好听呢。如果再练习一下气息，有些地方做到音断气不断，那你就是播音员了。

@ 杨岳诚　岳诚，整体朗读得很不错呢，希望你再把自己对诗词的理解融入其中，并通过声音表达出来，就更棒了。

@ 朱瑜桦　瑜桦，你很努力咬准字音，表达感情，所以我从你的朗读中感受到了作者的悲叹，非常好，继续努力，下次读题目的时候也要认真读就更好了。

@ 杨祖铠　祖铠，你的声音要稍稍立起来，字音清晰一些会更好听，特别要注意的是，千万不要读错字音，多听范读，期待你下次有更好的表现，加油！

活动后记：

假期前精心筹划的"配音秀"终于在2020年4月11日华丽谢幕，放寒假至今"配音秀"陪我们走过了八十多个日日夜夜：我们演绎美丽善良的公主，装扮阴狠邪恶的巫婆；我们吟诵豪放跌宕的诗词，朗读婉约含蓄的歌赋；我们俯瞰美丽中国的大好山河，欣赏动物世界的意趣神奇；我们致敬抗疫一线的医护人员，鼓励按下暂停键的英雄城市武汉……

我们随着作品一起悲伤、欢笑、激动、哭泣、叹息、感动，沉淀着岁月，雕刻着时光。

（四）绘画阅读，提升多元化阅读思维

中低年级学生最喜欢用稚嫩的小手描绘，结合学生的兴趣点和阅读内容，可适时开展"童心绘故事"活动，教师每天给学生讲绘本故事，接着每周上一节绘本故事绘画课，同学们根据所阅读的成语故事、历史故事，用手中的七彩画笔，展开想象的翅膀，将故事人物、故事情节栩栩如生地展现出来，一幅幅作品或以连环画，或以思维导图的方式，把自己对故事的理解和思考用画笔展现得淋漓尽致，将抽象的历史典故展现得惟妙惟肖。绘画阅读给学生敞开了一扇多元化阅读的窗户，能够有效提升阅读的想象力和思维能力。

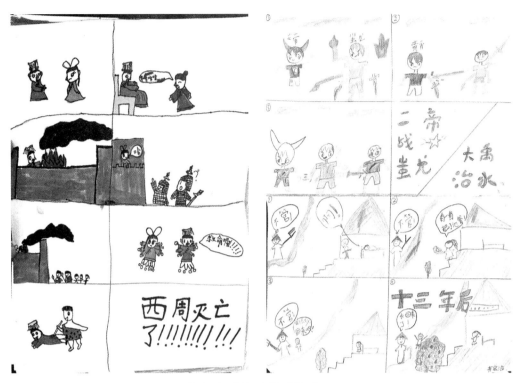

学生的"绘画阅读"作品

（五）影视赏析，拓宽多元化阅读的广度

随着时代的发展，影视产业也得到了蓬勃发展，学生接触到的影视作品也越来越多。影视作品是一种给受众以文学审美情趣的文学样式，虽然影视文学多以听觉和视觉为重点，但是一部优秀的影视作品，它的主题、中心思想、叙述方式、角色分析、拍摄手法、镜头转换、场景布置等都值得我们作为阅读的材料细细去琢磨和学习。考虑到中低年段学生比较喜欢看动画片，因此在教学中，我适时引入影视作品，让学生领略各种类型的文学形式，体验不同阅读的作品，将阅读的视阈扩大。

每个学期我都会安排一到两节影视赏析课，课上播放一到两部优秀的动画片或红色主题电影，教学中，通过问题引导、观后交流、人物评析、写观后感受等方式，让学生在观看的同时，也能善于观察，独立思考，敢于发表真知灼见。学生在这样的课程中不仅收获快乐，增长见识，有些片子还能让学生了解历史，激发爱国情怀。

例如我安排学生观看一组爱国题材的动画片，《翻开这一页》讲述了语文课本中的革命历史故事，其中既有《毛主席在花山》《朱德的扁担》等人物故事，也有《卢沟桥烽火》《狼牙山五壮士》《飞夺泸定桥》等战争历史故事，《英雄冯子材》

讲述清朝末年，法国军队入侵中国西南边境，年近七旬的老将冯子材临危受命，在广西凭祥镇南关前击败法军，扭转了中法战争的战局，动画片再现了英雄人物和那段惊心动魄的历史事件。课后，我还布置学生和爸爸妈妈一起观看动画片《那年那兔那些事儿》，这部片子展现了我国近代一系列的重要事件，真实的历史还原使家长和学生热泪盈眶、激动万分。下面摘取部分学生写的观后感。

《翻开这一页》由很多个小故事组成，其中《金色的鱼钩》讲述红军过草地时几个小战士受了伤，身体很虚弱，一路上，老班长使出浑身解数，想方设法给伤员们补充营养。老班长自制了一个鱼钩在路过的沼泽中钓鱼，熬汤给小战士们喝，可老班长自己却长期饱受饥饿，身体虚弱，最终牺牲了。我作为少先队员，牢牢记住了老班长的嘱托，要为美丽的梦想而奋斗。

二（3）班　郝雯惜

看完《英雄冯子材》这部影片，我想起三年前参观了冯子材老将军的旧居，他祖籍博白，自幼父母双亡，生活条件极其艰苦。为了生存，他练就了一身好武艺。他从小立志参军保卫国家，成为广西提督后他治军有方，疾恶如仇，深受广西百姓的敬仰。他说："人是会老的，而侠士是不会死的。"中华传统文化与爱国主义精神是我从观看动画中得到的最宝贵的收获。

二（3）班　刘港儿

今天，我和妈妈观看了《那年那兔那些事儿》，妈妈说这是一部生动形象的中国历史片。我不太明白妈妈所说的"历史片"，但是动画片里的兔子却让我感到很震撼。动画片主要讲述了种花家里的兔子和秃子一起联手打败了敌人，并约定轮流当家作主。可秃子却背信弃义，还打了兔子，最后兔子赶跑了秃子，用自己的双手，创造了一个吃得饱穿得暖，被人看得起的家。兔子艰苦奋斗的精神让我受益终生。

二（3）班　张曾岚

我喜欢片中的兔子，因为它善良、勇敢、不怕困难，而且每一只兔子都有一个大国梦。为了梦想，它们努力着、奋斗着。它们在恶劣的环境中种下了苹果树，在沙漠里研制出了蘑菇蛋。有些兔子在试验中牺牲了，它们的奉献精神深深地打动了我。我印象最深的一句话是"幸福并感激着"。今天我们生活在强大的国家，多么自豪！感激革命先烈的辛苦付出，是他们创造了伟大富强的国家，是他们给了我们幸福的生活。

二（3）班　邓皓铭

（六）诵读比赛，创新多元化阅读活动

1. 经典诵读比赛

在开学报名当天开展经典诵读比赛，一改传统常规的分发新书、检查作业、交代新学期注意事项的工作模式，让学生收心学习又收获知识。这样的亲子经典诵读比赛从上一届一直延续到这一届，每个学期初一次，整个小学阶段大约开展十次。

"想当年，金戈铁马，气吞万里如虎……"每一次的比赛，家长和孩子们都穿着古装表演，形式新颖有趣，丰富多彩，声音激昂，动作坚定有力。表演的篇目是从假期背诵的古诗中任意挑选几首当场进行诵读，通过开展有声有色的比赛，学生在声情并茂的诵读中不断接受中华传统美德潜移默化的影响和教育，提升文化和道德修养，让优秀的民族精神在血脉中流淌，让灿烂的民族文化支撑人格脊梁。表演过程既是亲子阅读互动的过程，又是提升家长和学生经典诵读兴趣和深化阅读体会的过程，为新学期开展多元化阅读奠定坚实的思想认识基础。

2. 美文诵读比赛

每年一次的"汉韵薪传"公益诵读比赛，学生挑选自己平时喜欢读的文章进行个性化朗诵，加深对内容的理解，提高了朗诵水平和口语表达能力。诵读比赛的开展摒弃"死读书、读死书、读书死"的传统阅读方式，以全新的阅读活动替代枯燥无味的记忆性阅读，让学生在阅读中深化对文章主题和内容的理解。

（七）好书分享，展示多元化阅读成果

开展"好书乐分享"活动，定期组织专门读书分享会，或者通过拍摄视频制作微信等方式进行推荐分享，为学生提供展示自我的新舞台新空间，随时随地能分享，能够有效拓展活动效果。

推荐分享书籍一般会介绍书名、作者、翻译、出版社，主要内容以及推荐理由。例如张曾岚同学的推荐。

杨岳诚同学在"读书分享会"上分享《狼王梦》阅读感受

陈翊督同学在"读书分享会"上分享《最强大脑》阅读感受

王浩宇同学通过微信推荐《妹妹的红雨鞋》

张曾岚同学通过拍摄视频推荐《魔奇魔奇树》

大家好！我是桂雅路小学二年级(3)班的张曾岚,今天,我要给大家推荐一本书,《魔奇魔奇树》,这本书是由日本齐藤隆介著,中国著名学者彭懿翻译,新星出版社出版,作者通过描写了五岁的豆太为了救爷爷奋勇奔跑的情景,以及那幅明亮的魔奇魔奇树的璀璨的画面,无论何时来看,都会令我们感到震撼。我推荐这本书的理由是:书中人物形象朴实,并富有力量,打动了一代又一代的读者,画面处处洋溢着人性之美,正如故事里豆太爷爷所说的:人,只要有一颗善良的心,没有干不了的事情。这句话打动到你了吗?我们一起去阅读吧。

(八)写话训练,优化多元化阅读延伸

通过写话训练,让学生加强阅读应用,这是进一步提升阅读价值、拓展语文核心素养的关键。譬如阅读课文《富饶的西沙群岛》,可带着学生对当前热点环境保护问题进行深究,让学生自发开展"环保"专题文章撰写,利用信息技术广泛索引资源、数据,写出环境保护迫在眉睫的现状问题以及具体的治理措施。在这个过程中,虽然很多知识点是他们在资源库中收集的,但由于他们不断总结、提炼和运用,这些信息无形中成为了他们重要的知识储存,当他们日后阅读撰写类似的主题文章时,这些储存下来的知识便会成为有力的硬支撑,有助于强化他们对更深领域知识的理解把握。又如,学生背诵了大量的成语、谚语、俗语、歇后语等,我经常设定文章的主题,让他们"八仙过海——各显神通",将自己积累的语言运用到日常的写作中。同学们都能够熟练地运用背诵过的素材,在习作上开出"艳丽的花朵"。

叠音词真有趣

一天早上,我懒洋洋地起床,然后就叫爸爸煮香喷喷的早餐,吃完早餐后,我就开始背《叠音词儿歌》。我兴冲冲地冲进房间,可是我又担心自己背得慢吞吞的,就会被妈妈打得泪汪汪的。于是,我下定决心,要认认真真地背,果然背得飞快。爸爸奖励我去园博园玩。到了园博园,我兴致勃勃地跑进去,发现里面有绿油油的草地,黄灿灿的花,还有高高大大的树木,小溪在哗啦哗啦地流淌。园博园真是太美啦!

陈翊督

2018 年 12 月 28 日

背成语

不知不觉，《成语接龙》这本书我已经背诵过半了，比如书中的成语"精忠报国、国计民生、生花妙笔、笔扫千军……"背起来可真有趣了！背成语让我的词汇日积月累，写作时妙语连珠。我一直背一直背，越来越多的成语连在一起，就像一节节火车厢一样越接越长，神气地往前开。也像是乐高积木，一块一块搭建着，我仿佛看见一座座"成语城堡"正在向我招手。你说有趣不有趣？

王浩宇

2019 年 3 月 12 日

做面具

今天的作文课上，宗老师给我们每一个人发了一张纸，我们开心极了。大家都以为这节课是手工课，有一位同学开心地说："宗老师，今天的作文课是手工课吗？"这时候另一位同学回答道："你想得挺美，那肯定是边做边写呀！"

开始做面具了，第一步画出外轮廓的形状，剪下来。我用铅笔画了一个瓜子型的脸蛋，尽可能地画得跟纸张那么大，然后拿起剪刀慢慢地剪着，生怕把我的面具剪坏了。第二步是在两只眼睛的地方挖洞。这也是我认为最难的一步，我把纸对折，再画一个半圆，用剪刀小心翼翼地剪下来，哈哈，剪好了。老师让我们拿到几步之外瞧一瞧，顿时才发现我把眼睛剪得一大一小。哎呀，这可怎么办呢？我想啊想啊，终于想到了一个好办法，就是在小的那一边再多剪几下变大就可以了。说时迟，那时快，我赶紧剪。结果放远了一瞧，糟糕！小的这一边又被我剪多了些，大的那个洞反而又变小了，就这样，左剪剪，右剪剪，面具上两只眼睛洞终于剪得差不多一样大了。第三步戳鼻子洞，有了刚才的经验教训，这一步对我来说就是小菜一碟。就这样，一个瓜子脸面具就大功告成了！

接下来要给面具上色了，我用翠绿色给面具脸部上色，用桃红色涂嘴唇，再把橡皮筋粘上，面具就大功告成了。我试着戴看看是不是合适，我的同桌一转头被这个看似诡异的面具吓得魂飞魄散。

"3—2—1—"老师叫我们一起把各种各样的面具都戴起来，顿时，我们的教室就像炸开了锅一样，同学们你看看我，我看看你，像是来到了神话仙境，又像是去到了童话世界，大家都忍不住哈哈大笑起来。

左嘉烨

2019 年 5 月 20 日

剥大蒜

今天课堂上宗老师让我们剥大蒜，她给每个人都发了一个大蒜，让我们仔细地观察。我们先看大蒜的大小，我分到的大蒜有点小。接着看它的颜色，我的大蒜像新娘披着的纱衣，洁白洁白的。然后看它的形状，没有掰开的大蒜像个迷你的小南瓜，大蒜都有很多的蒜瓣，蒜瓣都是扁圆形的，有点像小船，又有点像月牙，可爱极了！之后再掂一掂它有多重，我想，大蒜应该有妈妈平常给我煮的小土鸡蛋那么重吧。随后，我们摸了摸大蒜，大蒜光滑光滑的，硬硬的，好像摸着洁白的鹅卵石。最后，我看到大蒜底部没有根须，觉得有点像向日葵，又有点像鸟窝。

准备剥大蒜了，可应该从哪头开始剥呢？我发现大蒜的两头不太一样，大蒜的中间有个杆子，像个冲天炮，底部的蒜瓣都是连着的，很密实，于是，我决定从顶上开始剥大蒜。

我小心翼翼地把大蒜的皮剥开，就听见清脆的"嘶嘶声"传进了耳朵，大蒜皮非常薄，有经脉，就像细雨。我试着用笔在蒜皮上画了画，呀！居然能写出字，真像白纸。当我把九层外皮剥开的时候，眼前出现了一颗颗蒜瓣，真像小朋友排排坐等着分果果。

我轻轻掰下一片蒜瓣，把它的纱衣剥开，显露出雪白的身体，不小心剥破的地方一股呛鼻的味道迎面扑来，我用手揉了揉眼睛，眼睛辣得睁不开了！我又用舌头舔了舔蒜瓣，好辣呀，舌头都辣麻了。

听宗老师说大蒜的用途可多了，可以预防感冒，治疗皮肤病，真厉害！我们一边听着一边剥大蒜，可我总是剥不干净蒜皮，而且被大蒜呛鼻的味道冲得直打喷嚏。俗话说"樱桃好吃树难栽"，要剥出完整的蒜瓣也太难了吧，那些菜市里一大盆剥好的蒜瓣是怎么剥出来的，我很佩服剥大蒜的人！

梁馨月

2019 年 6 月 30 日

蚊子将军

夏天的一晚，我正在书房写着作业，听到爸爸叫道："宝贝，快来打蚊子！""哦……"，我听到叫声，马上放下了笔，拿起了我的装备——弹弓就往卧室奔去……

只见爸爸头顶平底锅，手拿枕头，看样子已经做好即将"战斗"的准备了，而我肩披"战袍"——洗澡毛巾，手持弹弓也准备就绪了。我们的眼睛就像雷达似的，在房间里扫描"敌情"。突然，我扫描到我的枕头上停落了一架"敌机"，"呦，小样，敢到我的枕头上撒野，我可饶不了你！"说完，我便举起弹弓，瞄准蚊子射击，只听"啪"的一声，"敌机"中弹身亡。爸爸看到了连忙说："好样的，接下来看老爸！"话音刚落，只听见"吧叽"一声，又一架"敌机"从天花板上掉了下来。"老爸的枕头攻击战术厉害吧！"爸爸翘了翘眉毛，摆出一副得意的样子。我也不甘示弱地把子弹一颗又一颗的射了出去，剩下的"敌机"看到同伴们都"阵亡"了，它狡猾地"隐形"了，我凭借着自己的经验，又发射出一颗子弹，没想到歪打正着，把剩下这架正在盘旋的敌机给消灭了，"哇哈哈！"我得意洋洋的展示自己的成绩。"切！"老爸也不示弱，威武地说："我看你们往哪逃？"说时迟那时快，只见敌机一架一架的直线落地，我把最后的一颗子弹射了出去，正好打中了正在聚集召开"紧急会议"的最后五只"将军"，它们正在"嘀嘀咕咕"地商量报仇计划，被突如其来的子弹吓死的吓死，打死的打死……"哈哈！这些都是我最好的战利品！"我说完后扬长而去……

这次的蚊子"战役"让我们全家哭笑不得，经历了好多搞笑的事情。

郝雯惜

2019 年 12 月 12 日

我爱我的宗老师

我的宗老师美若天仙，貌美如花，我最爱她了！

宗老师有圆圆的脸蛋，像个大苹果。长发飘飘，像湖面上的一层层波纹。水汪汪的眼睛如星星一般在空中一闪一闪的。她的鼻子挺直又秀美。圆嘟嘟的樱桃小嘴真是可爱极了！

"叮呤呤！"晨读时间开始了，这是我最喜欢的课堂。为什么呢？因为这个时候宗老师经常会和我们一起大声地背诵成语和古诗。有时候还会和我们一起玩成语接龙的游戏呢，所谓成语接龙就是成语字头和字尾相连不断，比如老师先出一个"白"字，点到我的名字时，我就要站起来回答出"白"字头有关的成语，那时候，我的心里就像有一只小兔子在上蹿下跳，可紧张了！深吸一口气，我灵机一动，想到了"白头偕老"，下一个同学接着说"老气横秋"，再下一个同学又大声地说"秋高气爽"……每当这个时候，宗老师就会笑眯眯地竖起大拇指对我们说："真棒！"就这样，我们一天天坚持下来，我现在已经背了两千多个成语，并且还能在作文里运用呢！老师夸我是"成语小达人"！

宗老师每次出差回来，都会给我们带回各式各样的礼物，有酸酸甜甜的山楂条，有薄薄脆脆的蝉翼饼，有五颜六色的铅笔，有金灿灿的银杏叶和火红的枫叶，还有……我知道，每一份礼物里都包含着老师甜甜的浓浓的爱。每当这时，我就觉得我是最幸福的小孩儿！

唐朝诗人罗隐有一首诗是这样写的："不论平地与山尖，无限风光尽被占。采得百花成蜜后，为谁辛苦为谁甜？"老师每天默默地陪伴我们成长，教师节马上到了，我想对老师送上我最诚挚的祝愿："祝宗老师以及所有的老师身体健康，节日快乐，你们辛苦了！"

苏郁昕

2019 年 12 月 30 日

四、构建立体互动的小学中低年段多元化阅读评价机制

构建立体化科学化评价体系，让学生每一天努力、每一点累积进步都在评价体系中得到坐标标识，既增强学生阅读的信心决心，又展现学生阅读问题，例如阅读的断点、断面和断篇问题，追求阅读的数量、忽略阅读的质量问题，以及对阅读内容浅尝辄止问题等。

（一）纸质检测评价

纸质检测评价是传统的"量化"评价方式，每个学期都开展，根据要求学生所背的书籍，制作纸质评价册，如《成语儿歌 100 首》《谚语儿歌 100 首》《歇后语儿歌 100 首》《俗语儿歌 100 首》《三字童谣》检测评价簿，《多音字儿歌 200 首》上、下册检测评价簿，《成语接龙》上、下册检测评价表，《叠音词嗨起来》检测评价簿等，以实现熟读、背诵、认读、理解四个层次为标准，依次给学生颁发一颗、两颗、三颗、四颗星标识奖励，让学生对应认识自己的阅读水平。对于阅读水平相对落后的学生也要给予一定的督促措施，目的在于让学生感到压力，找准阅读目标，扎实提升阅读水平。通过纸质评价册的分层目标评价，能够有效检查学生掌握知识的情况。

（二）课件抽查评价

课件抽查评价注重评价的过程性、动态性和灵活性，把阅读中知识性的内容制作成课件，全班分为十个小组，抽查以小组为单位，比如《成语接龙》这本书，在答题模式上形式多样，有个人回答，也有小组轮流作答，还有小组共答；题型也是一应俱全的，设置有认识生字、成语熟记、成语填空、成语接龙、成语运用、成语竞猜、看图猜词、趣味成语、成语造句等。通过课件抽查的方式，以小组争优的形式，抽查过程中发现学生阅读问题，及时在阅读教学中改进和解决。

《成语接龙》第六小组	2018/12/27 9:58	PPTX 演示文稿
《成语接龙》第五小队课件	2018/12/27 13:13	PPTX 演示文稿
《叠音词嗨起来》第八组	2019/3/1 18:07	PPTX 演示文稿
《叠音词嗨起来》第九组	2019/2/26 12:40	PPTX 演示文稿
《叠音词嗨起来》第十组	2019/3/1 18:03	PPTX 演示文稿
叠音词嗨起来 录音七队	2018/12/26 16:17	PPTX 演示文稿
录音八队歇后语儿歌比赛51-100首	2018/6/8 18:06	PPTX 演示文稿
录音二队成语儿歌71-100首	2018/4/12 11:14	PPTX 演示文稿
录音九队三字童谣比赛1-60首	2018/6/20 14:55	PPT 演示文稿
录音六队俗语儿歌51-100首	2018/5/18 17:37	PPTX 演示文稿
录音七队歇后语儿歌比赛1-50首	2018/5/31 18:20	PPTX 演示文稿
录音三组谚语儿歌比赛1-50首	2018/4/12 11:11	PPTX 演示文稿
录音十队三字童谣比赛61-120首	2018/5/14 10:18	PPT 演示文稿
录音四队 《成语接龙》	2018/12/20 14:10	PPT 演示文稿
录音四队谚语儿歌51-100首	2018/4/26 15:38	PPTX 演示文稿

以《成语接龙》第五小组课件为例，分为以下几个板块。

1. 认识生字，根据 PPT 出示的每个单元的生字，各小组的队员齐读和轮读。

2. 成语熟记，出示本单元的成语，小组起立齐读。

3. 成语填空，要求每个小队能够补充成语的填空，集体朗读。

4. 成语接龙，各小组轮流读，开启成语接龙模式。

5. 成语运用，根据出示的句子猜成语，每队有两次猜的机会，回答不出别队可抢答。

6. 成语竞猜，根据意思猜成语，每队可以猜两个成语，回答不出则由别队抢答。

7. 看图猜词，通过图画，猜猜你想到的成语，此轮为抢答模式。

8. 趣味成语，每张幻灯片上有很多单独的字，看谁能选择其中四个字组成一个成语。

9. 成语造句，根据提供的成语现场造句，要求语句通顺完整。

（三）网络打卡评价

网络打卡评价是基于信息互联网应用的一种评价方式，是多元化阅读常规性的评价方式，也是阅读过程性的评价方式。学生需要通过每天登录阅读系统打卡，记录阅读的书目、页数并完成读书心得体会的撰写，让学生充分认识到多元化阅读是一项长期坚持的习惯做法，多元化阅读不是单一地接受知识，而是在思考中阅读，在阅读中思考，不断养成和巩固阅读的好习惯。

（四）互动考查评价

在多元化阅读过程中，强化赏识教育的有效运用。例如，在"家长进课堂"活动中，通过展示课堂阅读效果和进行合理评价，让学生和家长看到成绩和不足，特别是在评价中着重指出学生阅读的闪光点，增强学生信心，强化阅读兴趣，激励学生取长补短提升阅读水平。通过定期开展检测活动，一方面考查和衡量学生近期的阅读情况和知识的累积情况，另一方面在家校互动中树立家长多元化阅读的意识和帮助学生培养良好阅读习惯的意识，在合理评价和因势利导中强化学生的多元化阅读体验，增强阅读的获得感和成就感，切实提升多元化阅读效果。

（五）争星评优评价

在"阅读之星"的评选活动中，学生在教师每学期推荐的60—70本课外阅读书籍中选择自己喜欢的进行阅读，教师根据学生阅读的天数、阅读的书籍数量、阅读总页数、阅读用时长短等方面进行阅读之星评选。如此实施多元化阅读的科学评价，让学生在批判性思维下学习，学有所得、学有所获，切实将文章读"懂"、读"活"、读"透"。

2017级3班 "阅读之星"的评选评价量表			
评价内容 评价星级	"阅读之星" 冠军	"阅读之星" 亚军	"阅读之星" 季军	"进步之星"
阅读天数				
阅读数量				
阅读页数				
阅读时长				

_____ 同学：

在2018—2019学年度班级开展的"多元化阅读"活动中，阅读书量大，时间长，按时打卡，被评为3月份的"阅读之星"。

特发此状，以资鼓励。

南宁市桂雅路小学2017级3班

2019年3月30日

同学们上台领取"阅读之星"奖状

构建多元化评价指标体系，要将熟读、背诵、认读、理解这四个层次阅读水平作为横向定位，将"阅读量、阅读面、阅读时间、阅读速度、阅读兴趣"整合评价的结果作为纵向定位，二者的交界点就是学生的阅读效果的评价数据。同时，在奖惩并举的过程中，特别强化学生读懂和读透一篇文章或者一部作品，及时纠正学生"囫囵吞枣"阅读方式，及时肯定和表扬学生取得的点滴进步，引导学生实现阅读"知其然，知其所以然"。

五、典型案例

随着多元化阅读的深入持续开展，每个学期都能看到学生在多元化阅读的浸润下成长、收获，同时，也收到家长对活动的积极反馈，下面摘取几位家长撰写的日志。

典型案例

一年半能改变什么
——"多元化阅读"记

　　王素涵，女，7岁半，小学二年级学生。把这亲生妞养到这么大，见过她各种哭，吓哭、耍赖哭、难过哭、感动哭，哽咽、抽泣、嚎啕都有，我都一律淡定应对。有一天，情况开始发生改变，每次一哭，就"担心"全世界都听到了。因为，她作文里的一句"我就哇哇大哭了，就像全世界都听到了一样"。在心头始终挥之不去。还有，现每每兴奋、忐忑，心中景象总是王素涵加入少先队时那番描写的，"翻过来，翻过去，睡不着，那胸前的红领巾真的像老师说的那么鲜艳吗？"每每休闲、惬意，就随处可感到王素涵那番形容的，"风在抚摸我"。

　　是的，就是这样一处处的小惊艳，是2017年9月上小学以来一年半发生的。一年半，改变了什么？成为小学生之前，王素涵上过芭蕾课、钢琴课、声乐课、绘画课，参加过舞蹈比赛、朗诵讲故事比赛，干过主持人，最擅长的就是玩耍，就是没有进行过小学学前教育，完全不认字不会写字！当时的想法，抓紧时间让她多开辟自己的艺术爱好并挖掘它，免去我儿时时代这些资源缺乏的遗憾，而九年义务教育开始，终要走上"正轨"，且就是终身漫长的求学路，让她尽可能延长吃吃喝喝玩玩不再施压的童年吧，开学前暑假，一次妈妈交流中，惊闻"惨痛案例"，小朋友不能熟练写好自己名字的，考试连试卷都交不上，因为时间都用在写名字上了，才匆匆忙忙晓之以理、动之以情地请王素涵开始学写自己名字。

　　一夕转变角色成为小学生，遇到了她人生中第一位语文老师宗菲菲老师，严格的老师看似给她压力但其实帮她蜕变。

　　一年级下学期，"多元化阅读"计划正式开始，计划公布下来，简直瞠目结舌，一个学期就要背下100首成语儿歌、100首俗语儿歌、100首谚语儿歌、100首歇后语儿歌、100首三字童谣。就王素涵一年级上学期学的拼音和那点汉字，能背什么啊，还那么大的量。刚开始，每首儿歌字都认不全，用拼音艰难地拼读出来之后，词句的意思也常常不能理解，不明所以地死记硬背，事倍功半，曾经背哭自己，"惨烈异常"。面对这些"苦难"，孩子的潜力，只有我们想不到，没有他们做不到，学期末，她还真就"熬"成了胸有500首儿歌的小"知识分子"了，遇到趣事有感，还会即兴赋童谣一首。认的字一下子多了起来。

二年级上学期的目标，背下成语接龙1000个成语，多音字儿歌400首涉及近500个多音字，叠音词儿歌涉及200多个叠音词……不过这时，这些任务在王素涵看来不再是"苦难"而是"骄傲的资本"。挑战自己成语接龙最多最快纪录，还要每天晚饭席间找妈妈挑战成语接龙，每次接上半个小时都不能结束"战争"。那天，妈妈死活想"灭了"王素涵，接到"山"字，不惜"违反规则"改了N次不同字尾的成语，都没有"困"住她。王素涵仗着自己"学富五车"也任由我换词以示没有任何字头可以难倒她。我"山清水秀"她"秀外慧中"，好，我换！我"山盟海誓"她"势不两立"，我再换！一直一直……"山崩地裂——裂石穿云""山珍海味——味同嚼蜡""山穷水尽——尽善尽美""山重水复——覆水难收""煽风点火——火树银花""姗姗来迟——迟疑未决""山长水远——缘木求鱼"，最后，以妈妈再也想不出"山"字头成语投降告终。之后，王素涵开始扩大她的战地疆土，全面向爸爸、姥爷、姥姥、爷爷、奶奶挑战，几天之后，又多了五个"手下败将"。

另一个始终坚持的是几乎每天的阅读。宗老师会每个学年给同学们精心挑选推荐书目，以现在王素涵的阅读时间和能力还不能全部完成，无论如何，她能沉浸在一个个美妙的故事里，感受阅读的快乐，就是一件幸福的事情。读到有趣的故事，可以把一个系列几册书一口气读完，读到感动的故事，会反复欣赏一遍又一遍。后来，开始把心目中的好书介绍给妈妈阅读，那天，妈妈读完推荐的一本《美人树》，感动得泪流不能自已，久久思绪沉浸其中，那一刻惊觉，这个小小的孩子，那么早就充当了一回妈妈灵魂的摆渡人，这个小小的孩子已经有这样独立的思想了，似乎就在一夜之间。

王素涵已读书目：

《不一样的卡梅拉》（12册）《格林童话》（部分）《安徒生童话》（部分）《影响孩子一生的101个经典童话》（金色卷、银色卷）（部分）《恐龙世界历险记》（2册）《非洲草原历险记》《昆虫世界历险记》（3册）《西伯利亚历险记》《大海历险记》

《撒哈拉沙漠求生记》《病毒世界历险记》《南极大冒险》《神秘洞穴大冒险》《365夜儿歌精选》（部分）《逃家小兔》《月亮的味道》《我想飞》《不来梅的音乐家》《爷爷一定有办法》《猜猜我有多爱你》《城市老鼠和乡下老鼠》《大个子老鼠小个子猫》（27册）（部分）《花婆婆》《一年级大个子二年级小个子》《了不起的狐狸爸爸》《没头脑和不高兴》《我的野生动物朋友》（3册）（部分）《小巴掌童话》（部分）《花瓣儿鱼》《我讨厌妈妈》《我有友情要出租》《鼹鼠的月亮河》《明天要远足》《狐狸列那的故事》《天啊！错啦！》《笨狼的故事》《一条聪明的鱼》《吹牛大王历险记》（部分）《洋葱头历险记》（部分）《小黑鱼》《书本里的蚂蚁》《月下看猫头鹰》《飞翔的鸟窝》《我的南极朋友》《妈妈发火了》《你是我的奇迹》《公主怎么挖鼻屎》《晴天有时下猪》《魔奇魔奇树》《我和小姐姐克拉拉》（3册）《疯狂学校》（6册）（部分）《美人树》《猪小锅和狼小怪》（10册）《中国成语故事》（部分）《伊索寓言》《嘟嘟和巴豆》（10册）《寻梦环游记》

一年半，从写作文常常被难到嚎啕大哭"我就是不会写"！连原来最爱的周末都变成了噩梦"我现在最怕周末了，因为每周末的作业都是写日记"。慢慢地，"现在我觉得写日记也有点儿意思了，写得好还会很激动"。从只会听妈妈读故事，慢慢地，看绘本，到看系列丛书，还开始给妈妈介绍书目，甚至妈妈现在很期待能得到王素涵的推荐书单。看到的是越来越自信越来越离不开阅读的孩子，我等着她一次次写作带给我的惊艳，等着像开头写下的那样，越来越多的场景下闪现她可爱美好的文字。阅读改变她，让她改变我们的世界。

写下上面的字，王素涵看了一遍，睁大眼睛惊呼："天啊，我竟然背了那么多儿歌啊！我竟然看了那么多书啊！简直太不可思议了！不过妈妈你写得不全，还应该补充我们的亲子诗朗诵比赛呢。"是的我还没有写全，还没有写每学期一次的亲子诵读比赛，每次背下的几十首经典诗词；还没有写每学期十次的成语谚语俗语歇后语多音字叠音词PK赛，赛中争先恐后抢答争分的执着。破茧成蝶的背后，总藏着写不尽的准备和付出。小学语文"多元化阅读"，未来四年半，我们期待更多的改变，更多的不可思议。

王素涵妈妈 2019 年 2 月撰写

女儿的多元化阅读成长故事

初秋九月，女儿正式步入二年级。报名注册第一天，班里按照惯例开展"经典诗歌诵读比赛"。吸取了上次比赛的经验，又经过一个学期古诗词的熏陶，女儿在这次比赛拿到了一等奖，并得到了一个个人单项奖"最佳舞台奖"。作为母亲，我第一时间在家庭群里分享了这份收获与喜悦。这份喜悦无关拿了什么奖，更无关拿了多少奖，而是通过这小小一个活动，全家人见证了女儿的成长。其实以前女儿参加的大小比赛也不少，大到全国性，小到省市区，但似乎没有哪次比赛能让我这个母亲在当下有更多感慨。

要聊聊女儿这一年来的变化，还得从她刚上学那会儿说起。女儿自小生长在我们这样一个民主且相对自由的家庭，平时由于工作繁忙，我和她爸爸对她基本属于"放养式"，加之秉着"花开各有时，静待成长"的教育理念，所以小学以前我们对女儿的识、读、写没有过任何要求，以至于要上小学了，女儿别说写字，就连能认识的字都寥寥无几。

第一个学期对于女儿来说是万分煎熬的，情绪波动也比较大，看着同班的同龄人不但可以自己看书读故事，还能写能画，女儿当时却连拿笔还拿不好，每天的抄作业对她而言都是件痛苦事儿。最初她对自己"小学生"的身份还未进入状态，所以对于上学这件事采取的都是时不时逃避和闹情绪的回应方式，其实我知道，这是因为女儿逐渐开始感受到"压力"一词的含义了。身为母亲的我虽然看在眼里急在心里，但我能为女儿做的就是多陪伴多鼓励，耐心再耐心，学习的事还得靠她自己来。逐渐地，在老师们的辛勤教导下，随着女儿的知识储备量不断增加，很多方面也都慢慢进入稳定的状态。

要说女儿更大的变化，那还是在一年级下半学期。一年级下半学期一开始，语文老师宗菲菲就在班上开展了"多元化阅读"活

动。按照计划，下半学期要完成背诵520首儿歌，从成语到谚语，从俗语到歇后语，最后到三字童谣，我当时都替女儿捏了把汗，刚适应了上个学期的节奏，这个学期的节奏不但加快了，力度还加大了，女儿倒没有明显表现，似乎我比女儿的压力还大。话虽如此，我也深知13岁以前是记忆力的黄金周期，所以在这期间让孩子多读多背有价值的书对孩子的将来受益匪浅。多元化阅读计划一开始，我就笃定，别人能完成的，女儿一定也能完成，无非就是慢点，慢点就慢点，这不是缺点，遵循她的成长速度，需要的只是时间。

日复一日，女儿坚持下来了，转眼3个多月过去，学期即将结束时，整整520首儿歌，一首不落地全部背完了，而且越到后面，背的速度越快，基本上看一遍读两遍，就能背出来。不知不觉中，我发现诵读经典在不断地开发着女儿的潜能，女儿的记忆力不但明显提高，对一些经典文章的理解也越来越深，随着阅读量的不断加大，词汇量噌噌地往上涨，预习语文教材上的课文效率明显提升，自信心也越来越强。想想从前，女儿识字量有限，都是我给女儿讲故事，现在却是女儿拿着故事书给我讲故事，有时候还自己编故事。

暑假带女儿去韩国参加芭蕾舞交流活动，久久未见的一个朋友也惊讶于女儿的变化。飞机上几个小朋友坐在一起，就听到女儿一直在说成语故事，时不时还冒几个歇后语，这令朋友刮目相看，换在以前，朋友的女儿才是最能说的那一个，可是这次俩孩子在一起，朋友女儿居然插不上话了，一直听我女儿在吧啦吧啦地讲，而朋友的女儿就像听天书似的。朋友的评价让我暗暗得意了一把，当朋友问起女儿的进步为何这么大时，我跟她说，因为女儿班上有个很牛的语文老师，开展了一个很牛的计划，叫多元化阅读，而这个学期的短短4个月，才仅仅是个开始。

这段连续几周的周末，女儿独自看了原声版中文字幕的《哈利·波特》系列电影，刚开始我很担心她因为识字量有限而看不懂，因为之前带她看电影都是看中文配音版的，结果后来我发现我低估了她的识字量和词汇量，她不但看懂了，而且看完后还津津乐道地给我和她爸爸分享里面的故事情节，甚至把整个故事给我们讲述一遍。我和她爸爸都惊讶不已，《哈利·波特》系列每一部时长都接近3个小时，她居然无障碍全程靠看字幕理解了里面的内容，足以说明她的识字量已经达到一个惊人的水平，这些都是靠着多元化阅读积累起来的。要知道，她刚进学校时，大字都不识一个，这才短短一年，就发生了翻天覆地的变化。

除了文化素养和语文能力明显提升外，女儿的行为习惯和思想道德也发生了明显变化，女儿更懂事了，礼貌礼仪上从原来的被动到现在的主动，她开始主动关心他人了，也积极为家人端茶倒水帮忙做家务，主动跟长辈打招呼。除此之外，自我克制和自律能力有了很大提升，更富有爱心和同情心，对于一些新闻报道和社会见闻也开始积极表达自己的一些所感所想，这些，都得益于多元化阅读带给孩子的蜕变。

我相信，这一点一滴的变化都只是个开始，通过老师们的精心培养和辛勤劳动，家长们的共同配合，多元化阅读，诵读经典，让孩子们徜徉在我泱泱大国上下五千年文化的知识海洋中，平时积累得越丰富，用的时候才会取之不尽，相信会有越来越多的惊喜等着我们。

还有五年，让我们共同期待和见证！

李方荃妈妈 2019 年 9 月撰写

不积跬步，无以至千里

不积跬步，无以至千里；不积小流，无以成江海。

——荀子《劝学》

释义：不积累一步半步的行程，就没有办法达到千里之远；不积累细小的流水，就没有办法汇成江河大海。

莫非凡，男，8 岁半，桂雅路小学二年级学生。一个爱好广泛、勤学善思的小学生，唱歌跳舞玩魔方，骑车运动爱健康，围棋、中国象棋、国际象棋、拼图、乐高机器人、魔方，自小到他手上每件物品，都会成为他的小伙伴，爱不释手。口才、主持、唱歌、啦啦操，到他身上的兴趣课，都会成为他的爱好，乐此不疲。

献给老师的诗：

指路明灯

——宗菲菲

我是一只羽翼未丰的雏鹰

渴望潇洒地遨游在蓝天之上

我开始惴惴不安练习飞翔

老师给予热情鼓励

让我如沐春风心花怒放

飘飘然飞上云端

一阵风吹过

翅膀支撑不住

就要坠落

老师看出危险端倪

及时指点迷津

不要怕吃苦不要太急躁

到山顶去练习

到丛林去练习

羽翼不断丰满更加坚强

才能翱翔九天飞越大海

老师是指路明灯

有了她

前进的路上

才不会迷失方向错过风景

多元化阅读之路——

南宁市桂雅路小学 2017 级 3 班多元化阅读计划：

1. 每天坚持背诵 5 首儿歌。

2. 每天早上老师讲 3 个成语故事。

3. 学两种不同版本的语文书。

4. 定期开展检测活动（评价簿、家长进课堂）。

5. 假期坚持背诵古诗词。

6. 开学初开展亲子经典诵读比赛。

7. 坚持课外阅读（推荐书目），阅读打卡。

8. 每个月评比"阅读之星"。

9. 开展"好书乐分享活动"。

10. 不定期开展班级读书会。

11. 坚持周记，把输入变为输出。

为了让同学们掌握更多的成语，通过读成语、背成语，举办成语接龙大比拼，老师讲三个成语故事，孩子们回到家再重新讲述一次给爸爸妈妈听，给孩子们源源不断输入各类成语，每个孩子对所学的成语滚瓜烂熟、对答如流，我是 PK 不过小朋友了。并且在每周周记里都能运用上部分有趣的成语，让文章妙趣横生。

背书是一个听说结合，反复练习的过程，听觉记忆力、听觉编序力、言语表达力也会有所提高。还可以熟悉语言的表达方式及体会文章的韵味。

阅读和背诵结合，根据同学们自身的情况而定，一天背诵约 5 首古诗、歇后语或成语故事，一个学期收集到的大约 321 个录音文件，一年约有 800 多个文件，惊呆了。教室里有小书角，每天孩子都会自己利用一些课余时间阅读一两本书，回到家让爸爸妈妈在百捷在线学习中进行阅读打卡，每月还评出本月的阅读之星进行奖励，我们班的孩子就是这样积少成多，成年累月，聚沙成塔，集腋成裘。

宗菲菲老师的好书推荐让同学们阅读有了方向，刚入学那时，同学们的鉴别能力较差，喜欢看一些漫画类的搞笑书籍，是老师帮助他们选择内容健康、体裁多样、语言生动活泼、深浅适度的读物。

古诗浸润中长成——

每个学期开学注册的这天是我们班齐聚一堂、热闹非凡的日子，举办"亲子经典诵读比赛"，家长和孩子们都会做足充分的准备，换上了古色古香的唐装汉服闪亮登场。至今已进入第四届亲子经典诵读比赛。

多元化阅读的作用——

"读万卷书，行万里路。"多元化阅读让孩子们拥有的是知识和信心，让他们不畏困难，善于思考。

亲爱的宝贝，还记得一次魔方展示活动中，约一分钟后，主持人开始"煽动"小朋友们开始"倒计时"，那场面惊心动魄，我们家长如坐针毡，为你捏了一把汗。你自己也诚惶诚恐、大汗淋漓，但是，你克服了现场紧张的气氛，从容不迫在 2 分30 秒左右完成了三个魔方的还原，让我们大舒一口气，下场后你说："爸，终于完成了，我衣服都湿完了！"这次活动让我们看到了孩子的点滴成长，真的很开心。

多元化阅读让你增长了见识，积累了丰富的知识面，有一次南宁电视台的微电影演员面试，你的一首《父亲》唱得我热泪盈眶、百感交集；初次面对电视台的几台摄影机，导演让你即兴表演一个节目，你讲了一个《东郭先生与狼》的寓言故事，总导演最后给你鼓舞的掌声并表扬说："非凡同学，你表现很不错，看得出，你在表演的时候，手在发抖，但你很勇敢，克服了自己紧张情绪，努力完成了这个节目的演出，祝贺你！"看到孩子的成长，爸爸妈妈都很欣慰。

老师在我们班推广多元化阅读，课内课外组织丰富多彩的各类活动，让大家有效开展读书活动，激发阅读的兴趣，让你对课外阅读爱不释手，并逐渐养成良好的阅读习惯，极大提升了语文素养。2019 年 5 月 31 日，你和班上几位同学录制的庆"六一"少儿活动口才剧《我有一个美丽的梦》，在南宁电视台公共频道《奔跑吧少年》栏目中播出，让我感受到你的茁壮成长。

爸爸妈妈寄语：

我们都有一个美丽的梦，我们都有一个彩色的梦，阅读让你长了知识，有了自己的理想和目标，愿你在多元化阅读的瀚海中自由翱翔，靠自己的努力奋斗，实现你那美丽的梦、伟大的梦。

莫非凡爸爸 2020 年 2 月撰写

小小芽儿，慢慢长大

——苏郁昕"多元化阅读"成长记

苏郁昕，女，9 岁，南宁市桂雅路小学三年级学生。她喜爱画画和书法，也喜欢大声地笑，我经常说她泪点低，爱哭鼻子，但爸爸说那是情感丰富的表现。她爱唱歌爱跳舞爱玩闹，也爱跟着妈妈制作各种美食，还有许许多多喜欢做的事，但是上了一年级后，又深深地爱上了一件事情，爱看妙趣横生的绘本，爱读金波和张秋生温暖的童话故事，爱看惊心动魄的历险记和大冒险，也爱看各种各样的昆虫记录……老师和爸爸妈妈都告诉她，多读书可以让人心明眼亮，明白事理。她希望自己变得越来越聪明。

两年半时间，九百多个日夜，该用什么丈量一个刚满九岁孩子的成长？是身高又长高了几厘米？还是体重又增加了几许？

二年级的某一天，昕昕很无奈地和我说："妈妈，弟弟总是蛮不讲理、无理取闹，又自己在那儿嚎啕大哭！"我深深地感受着她无奈的控诉，更惊讶于她一连串的表达。印象极深刻的是有一次送她上声乐课，声乐老师对我说了几句话："这孩子，和同龄的孩子相比，可能她读的书比较多，她对歌词有自己的理解，嘴巴一张，有股书香味！"老师的话在我心里泛起了波澜。

于是我慢慢细数这两三年来，跟着宗菲菲老师，她都干了些什么：100首歇后语儿歌，100首俗语儿歌，100首谚语儿歌，100首成语儿歌，29个笔画、80个部首、100个字根的趣读识字一条龙，200首多音字儿歌、叠音词，几千个成语接龙及妙趣横生的成语笑话大全，200多本课外阅读书籍等等。

我惊呆了！相比我小学时偷看哥哥姐姐的连环画，初中时偷看故事会，高中时借看小小说，我的孩子在她的童年里，她跟着最喜爱的老师自由穿行于各种各样的书籍间：书柜里、沙发上、窗台边、床头，处处有随手可翻的书本。我深深地羡慕，她的童年是多么富有！

一年级刚开始，几乎啥都不会。没上过幼小衔接，没学过拼音，也没学过写字。写一篇绘画日记的情形是：她可以用十几分钟完成绘画部分，然后眼巴巴地向你求助文字的部分。通常情况是第一遍我先讲解，第二遍我在旁边口述，我说一句她写一句。涂涂改改，歪歪扭扭，卡卡壳壳，完成一篇日记，几乎花去整个周六早上的时间，这个过程往往是令人崩溃的。

突如其来的改变是从一年级下学期开始的：背俗语，背谚语，背歇后语、叠音词，背成语……每天背，放学背，上学路上背。有时候她偷懒，我就说："你也可以选择不背，但是等到每周五下午比赛的时候，你有可能会成为你们小组拖后腿的那个人。"就这样，她时而兴致勃勃，时而懈怠，我则时而鼓励，时而奖惩。慢慢地，改变就来了。

为人父母，闲来无事时，我总喜欢揣摩那些高考学霸的满分作文。我时常在想：每一篇情感真挚的满分作文背后，肯定有着不为人知的多元化阅读因素，而这一习惯的养成，要么是孩子的浓厚兴趣加自律自觉，要么是父母的坚持，要么是老师的远见和用心。假如你三者都具备，那你何其幸运！

"青藤靠着山崖长，羊群走路看头羊。"紧跟引路人，走着走着，长成一个有书香味的人，也是极好的！

很长的一段时间里，她乐此不疲，兴高采烈像个小老师一样不停地向我唠叨，我也不阻止，每天上学放学或心血来潮时，就和她一起背着她那些成语接龙。暑假回

老家，有天晚上我带着她和她的堂哥堂姐五六个小朋友一起上街吃冰沙，对着缀满葡萄干、西瓜、芒果等颜色鲜艳的冰沙，我问他们："谁能用一些成语来形容它呀？"上五年级的侄女单手捂嘴偷笑着摇摇头，我女儿却上蹿下跳地说："我来我来，五颜六色，色彩缤纷，纷至沓来，来者不拒，据理力争，争先恐后……"我说："前面两个还可以，后面的是什么鬼？"她说："成语接龙里面就是这么连着的呀。"仿佛印证了宗老师的那句话：人的强大记忆力是可以靠牢牢的死记硬背锻炼和储存起来的！

背了两本《多音字儿歌》后，她认识了200多个多音字，于是在阅读时或在课本里，一遇见多音字，几乎都能把它找出来噢。

爱阅读 我快乐

某一天晚上，她捧着一本书跑到我面前，满怀激动对我说："妈妈，我知道描写人的心里紧张时该用什么句子了。"

"什么句子呀？"

"《海底两万里》有个句子：我的心跳得都快要蹦出胸膛了。这样描写，真是太紧张太刺激了！"

"那你以前是怎么写的？"

"我以前写：我的心里有点紧张，就像有一只小兔子在胸口蹦蹦跳跳。我以前描写月亮的时候是写：圆圆的月亮像玉盘，弯弯的月亮像小船，但是我不会写月光，《草原上的小木屋》里说：月色皎洁无比，月光的清辉照亮了大地，月光在木屋的缝隙上镶嵌起一道道银色的光辉。这样描写，真是太神秘了！"

原来，阅读的种子已经在她心里悄悄发出了嫩芽，多阅读，不仅增强了她的思辨能力，更让她在这细细品味的过程中享受到了乐趣。

好书乐分享

宗老师说："孩子们，博览群书吧，希望你们在有益的课外书籍中得到精神的愉悦，并且把优秀的书籍推荐给大家，一起分享，一起成长！"这个小书虫有许许多多爱读的书籍，书架上的书籍满满当当，有老师推荐阅读的，也有孩子自己喜欢的，还有同学推荐的。每个学年开学，宗老师都会把一张课外阅读书单发给孩子，从低年级的50本左右，到中年级的80本左右。这些书籍有的是在班上老师带领孩子们一起读，有的是孩子们自己回家读。昕昕最喜欢听同学分享推荐好书的活动，每每活动后她都要闹着我去借阅或购买。当然作为父母我们都很愿意。

经典诵读

每学期一次的亲子经典诵读，家长和孩子同成长。暑假 25 首，寒假 15 首，课堂上，老师还每天讲解领读 2 首古诗词并要求孩子背诵。细数下来，这个娃已经背了 200 多首古诗词，这几乎超过了我整个小学到高中阶段所背诗词的总数量。每个学期注册报名时，我们班级都会举行隆重的亲子经典诵读比赛，当配乐响起，父母和孩子带入情感地诵读，这对家长和孩子，都是一次次经典文化的沐浴。

配音秀

这个寒假，孩子跟着宗老师坚持打卡"配音秀"整整一个月了（除配音秀软件有几天受疫情影响停用）。她跟着老师颂唐诗，读宋词，赏元曲，她跟着老师给中央电视台的经典栏目《美丽中国》《航拍中国》《中国的茶》《动物世界》等旁白配音，她还跟着老师给热门的影视剧动画片《哪吒之魔童降世》《小猪佩奇》《蜡笔小新》的角色配音。

最令人感动的是，老师坚持每天发配音内容，写诗歌赏析或作品简介，发自己的配音作品示范，给每一个孩子的配音作品进行细心的点评。

小妞说，配音秀太好玩了！我问她："哪里好玩了？"她说："配音起来可以让人的心情有时开心自豪，有时悲伤，有时还可以很搞笑。"她配《小猪佩奇》，一边可爱地学小猪叫，一边还要忍住不笑场，等配完了，两姐弟终于忍不住哈哈大笑。配完《航拍中国》后对我说："妈妈，我觉得我们中国很高很宽很大，也很美噢！"我说："是的，当一名中国人，是不是觉得很自豪！"小妞用力点了点头！

其实不仅孩子，很多家长也纷纷加入配音的队伍中。面对着肆虐的疫情，宅在家的孩子和家长们在配音中找到了更多的乐趣，这个假期也过得异常充实。

此时此刻，正是全国上下齐心协力抗击新型冠状病毒疫情的时期，在这场没有硝烟的战斗中，医护人员成为了冲锋陷阵的战士，他们义无反顾，逆向前行，付出了巨大的牺牲！

致敬，所有冲锋陷阵的医护工作者！

苏郁昕妈妈 2020 年 12 月撰写

六、分析总结

（一）探寻出适合小学中低年段多元化阅读内容

通过增加其他版本的教材阅读，对应着部编版阅读内容或题材相应补充阅读苏教版、湘教版教材的文章，补充诵读经典诗词儿歌，课题组老师们还自编班级的教材《古诗接龙》，以及推荐课外阅读书单等大量地补充适合学生年龄段的阅读内容，实现对阅读内容的延展化。学生的阅读量增大，阅读面扩大，阅读视野广，积累的知识丰富，识字量和词汇量飞速增加，夯实了学生的知识素养和文字功底，让学生在多元化的对比阅读中汲取精华、锤炼思想，为今后的阅读和语文学习奠定坚实的知识基础。

经过两年多的实践探索，据不完全统计阅读的数量数据如下：

	儿歌	多音词	叠音词	谚语	歇后语	俗语	成语	古诗	独立阅读书籍	识字量
入学前	平均5首左右	0	0	0	0	0	0	人均5首左右	平均10本左右	50个左右
实验一年后	520首	226个	222个	100多个	100多个	100多个	2000多个	人均150多首	150余本	5000多字

（二）探索出有效的小学中低年段多元化阅读策略

在部编版教材里的课文教学中，探索出以下方法：针对课内精读课文的解词析句法、质疑探究法、想象留白法、白描渲染法、勾圈标记法、搜索筛选法，品词析句的精读法，针对文本延伸拓展阅读文章的泛读法，课外推荐阅读书籍的扫读法等，不同的文章体裁选择不同的个性化阅读形式，如全班共读、亲子诵读、表演读、打节奏读、吟诵、配乐读、表演情景剧等，让学生在阅读不同文章时能采取各种有效的阅读策略，阅读速度大大提高，理解和分析语言的能力得到增强。

（三）创建了丰富多彩的小学中低年段多元化阅读活动

开展多元化阅读，引导学生在个人阅读的基础上，科学延伸阅读空间，组织小组共读、班级共读、亲子阅读等，通过游戏、比赛等学生喜闻乐见的活动，通过好书乐分享、诗词大会等形式展现学生自主阅读的理解和体会，强化活动的创意性、趣味性、互动性、积极性，极大增强阅读的效果，能够有效激发学生阅读兴趣，提升口语表达能力，同时还能增进父母和孩子感情。

（四）构建出立体互动的小学中低年段多元化阅读的评价机制

在小学中低年级多元化阅读评价的过程中，通过纸质检测评价、课件抽查评价、网络打卡评价、互动考查评价、争星评优评价构建立体化科学化的评价体系，确保学生的阅读水平得到全面检测，让学生每一天的努力以及每一点的进步和累积在评价体系中都能得到坐标标识，增强持续阅读的信心，促进阅读行为，提升核心素养。

（五）对学校开展校本阅读研究有一定的借鉴和参考意义和价值

每个学校都有校本阅读活动，不少学校还编写校本教材。实践证明，校本阅读和多元化阅读是互相联动互相促进的关系，校本阅读为多元化阅读创造良好的氛围，多元化阅读为校本阅读提供丰富的实践方式，两者相得益彰。

（六）结论

开展课题《大语文背景下小学中低年级多元化阅读的实践研究》是传统较狭窄阅读向宽领域阅读、深度阅读的有力探索，是零碎阅读向体系化阅读、大量化阅读的探索，既顺应时代和国家的要求，又符合新课标语文阅读的理念，能够极大增大学生阅读量、阅读深度和广度，还能间接增强其他语文能力，全面提升语文核心素养。

1. 多元化阅读内容增大阅读量、扩大阅读面，能够扩大学生阅读深度和广度，让学生开阔视野、训练思维。

2. 多元化阅读的有效策略让学生有目的、有方向、有选择地展开阅读，直接改变了传统阅读的局限性和枯燥性，通过不同方法的读，不同方式的读，不同形式的读，让阅读变得更灵活、更丰富、更有味。

3. 多元化的阅读活动有效激发学生阅读的兴趣，延伸学生的阅读空间，给学生提供多元化的阅读创新活动平台。

4. 多元化阅读的评价机制能够有效督促激励学生增强阅读的信心。

（七）问题和今后研究的设想

1. 探寻适合小学中低年段学生阅读的书目可以分类、分时、分阶段，再分得细致一些，这样孩子们阅读的方向和目标也会更加明确。

2. 多元化的阅读活动还可以与主题阅读结合得更深入一些，做成一些项目式活动的主题探究，阅读活动的有效性会更强。

3. 构建多元化阅读评价落脚点可以更细致一些，可借鉴特殊教育的评价方式，更能彰显评价的个性化、个别化。

4. 实验班级每个班学生人数为 50 人左右，由于人数较多，不同的学生个体之间由于智力因素和非智力因素的差别，导致他们的阅读能力的提升有着绝对的差异性。如何将差异程度拉小是一个重要的探索方向。

参考文献

[1] 韩兴娥. 让孩子踏上阅读快车道 [M]. 南昌：江西人民出版社，2015:15.

[2] 李颖. 小学语文教学中海量阅读与阅读素养的提升 [J]. 课程教育研究，2017（09）：33-35.

[3] 贺勇芬，贺小兰. 一路书香伴成长——浅谈推进小学生海量阅读几点做法 [J]. 基础教育论坛，2017（05）：13-15.

[4] 陈燕. 多元化阅读——走出语文阅读教学的困境 [J]. 语文教学通讯，2012（12）：67-68.

[5] 张霞. 小学语文多元化阅读教学模式的构建 [J]. 西部素质教育，2016（12）：118.

[6] 唐禧. 小学语文多元化阅读教学初探 [J]. 福建基础教育研究，2017（06）：77-79.

[7] 傅宇，周振华. 书海徜徉染墨香 海量阅读促成长——浅谈推进小学生海量阅读几点做法 [J]. 小学教学研究，2019（01）：24-25.

[8] 刘世辉，朱彦熙. 书香伴成长，亲子促发展——家校合作视角下"亲子海量阅读"的策略研究 [J]. 教书育人·教师新概念，2019（01）：26-27.

[9] 陈春花. 树立大语文观，实现学生课外阅读目标 [J]. 课程教育研究，2019（01）：28-29.

[10] 朱美华. 浅谈大语文观下的阅读教学 [J]. 小学教学研究，2019（07）：75-76.

[11] 傅艳丽. "大语文"观念下开展语文教学的方法 [J]. 江西教育，2019（06）：53.

[12] 侯云洁. 基于阅读素养的多元化阅读教学探索 [J]. 基础外语教育，2017（04）：21-29.

[13] 杜小英. 实施"大阅读"提高阅读量 [J]. 课堂，2017（02）：100.

[14] 赵小彦. 让识字为阅读插上翅膀——低年级快速识字、大量阅读实验探索 [J]. 教育实践与研究，2018（09）：22-27.

第三章

成果展示

调查问卷

小学生入学初始阶段阅读现状调查问卷
（问卷星形式）

亲爱的同学：

你好！你即将成为一名小学生了，老师希望了解你一年级入学前的阅读情况，以便老师今后更好地开展教育教学工作。这份调查问卷一共有14题，大概需要几分钟时间，请你一定要认真思考，真实地填写哦！感谢你的支持！

1. 你喜欢阅读书籍吗？

A.喜欢　　　　B.不喜欢

2. 你阅读书籍的原因？

A.感兴趣主动阅读　　　　B.父母叫被动阅读

C.老师布置被动阅读

3. 你喜欢阅读什么类型的书籍？

A.绘本　　　B.童话　　　C.诗歌

D.科学　　　E.漫画　　　F.名著　　G.其他

4. 你阅读书籍的时间？

A.课间　　　　B.放学后　　　　C.睡觉前　　　　D.节假日

5. 你每天阅读书籍的时长？

A.不读　　　B.十分钟　　C.二十分钟

D.半个小时　　E.一个小时　　F.更长

6. 你每天大概阅读的字数？

A.50字以下　　B.50-100字　　C.100字以上

D.200字以上　　E.500字以上

7. 你自主阅读书籍的大概数量是多少？

A.0 本　　　　　B.5 本以下　　　　　C.5-10 本

D.10 本以上　　E.20 本以上　　　　F.50 本以上

8. 你家里有书柜和阅读专区吗？

A. 没有　　　　　B. 有

9. 你经常采取的阅读方式？

A. 自己阅读　　　B. 父母共读

10. 爸爸妈妈和你一起阅读吗？

A. 从不　　　　　B. 偶尔　　　　C. 经常　　　　D. 每天

11. 你和爸爸妈妈是怎样一起阅读的？

A. 一边看书一边听音频

B. 爸爸妈妈读给我听

C. 我自己读，爸爸妈妈协助我认识不会的字

D. 我和爸爸妈妈一起读

12. 爸爸妈妈带你去书店或图书馆吗？

A. 从不　　　　　B. 几个月一次　　　　C. 每月一次

D. 每周一次　　　E. 经常

13. 是什么原因让你喜欢阅读书籍？

A. 有趣的故事情节　　　　B. 好看的插图

C. 喜欢听爸爸妈妈讲故事　D. 从小养成的习惯

14. 是什么原因让你不喜欢阅读书籍？

A. 对故事情节不感兴趣　　B. 书中的图片不吸引我

C. 好多字不认识，看不懂　D. 我不能理解书中的意思

E. 没有人陪我一起阅读

分析报告

小学生入学初始阶段
阅读情况现状调查和对策研究

【摘要】在大语文背景下，对于学生的阅读能力有了新的要求，相比之前，现今更重视培养和发展学生的阅读能力。然而，通过问卷调查、课堂教学观察、试卷分析，发现学生在语文阅读方面仍存在一定的不足，如没有形成良好的阅读习惯，阅读兴趣不够浓，阅读面仍然狭窄，导致阅读速度和质量受到影响。根据时代的要求以及学生阅读的现状，结合不同方式的阅读实践研究，课题组老师在所执教的班级开展了大语文背景下的多元化阅读的实践研究。

【关键词】大语文 多元化 阅读

一、调查目的

弗·培根曾说过，书籍是在时代的波涛中航行的思想之船，它小心翼翼地把珍贵的货物运送给一代又一代。通过阅读，孩子们对世界的感知能力会提高，同时，也可以通过阅读习得更多的知识。学生们在阅读中可以感受到知识的魅力，得到心灵的浸润。在大语文背景下，对于学生的阅读能力有了新的要求，相比之前，现今更重视培养和发展学生的阅读能力。众所周知，阅读是一个积累的过程，无法一蹴而就。而一年级的新生正好就处在阅读积累的初级阶段，因此，对于一年级小学生入学前阅读现状的调查和研究就显得尤为重要。如果能够根据学生的年龄特点，再把阅读资源进行重整，不仅在阅读内容和形式上多元化，而且能适时增加多元化的阅读活动，并构建多元化的评价机制，那么可能会更好激发学生的阅读兴趣，扩大阅读广度和深度，培养良好的阅读习惯，提高阅读能力，促进语文核心素养的提升。根据时代的要求以及学生阅读的现状，结合不同方式的阅读实践研究，课题组老师在所执教的班级开展了大语文背景下的多元化阅读的实践研究。

二、调查对象及方式

（一）调查对象：本校即将入学的一年级新生（实验班）

（二）调查方式：问卷调查法，采用问卷调查法了解即将入学的一年级新生入学前的阅读积累情况。

三、调查结果与数据分析

（一）前测数据及分析

1. "一年级小学生入学前阅读现状调查问卷"分析

本次"一年级小学生入学前阅读现状调查问卷"共回收有效问卷 200 份，问卷分别就学生对书籍的喜好、书籍阅读情况、阅读方式以及影响阅读的因素等方面进行了调查。

1. 你喜欢阅读书籍吗？	
A. 喜欢	B. 不喜欢
195（97.5%）	5（2.5%）

"你喜欢阅读书籍吗？"提到这个问题，97.5% 的孩子都会非常肯定地回答：喜欢。说明低年级的孩子对阅读抱有浓厚的兴趣，这无疑是非常有利的基础，因为兴趣是最好的老师，孩子们从小对阅读有兴趣，教师可以利用这一点在今后进行阅读的引导教育。

2. 你阅读书籍的原因？		
A. 感兴趣主动阅读	B. 父母叫被动阅读	C. 老师布置被动阅读
133（66.5%）	21（10.5%）	46（23%）

当问及阅读书籍的原因，66.5% 的孩子属于感兴趣能够积极主动阅读，这一类孩子大多数都养成了阅读的良好习惯，而 10.5% 的孩子则是需要在父母的监督下进行阅读活动，23% 的孩子是由于教师布置了相应的阅读任务，这一部分孩子虽然也能做到保持阅读的好习惯，却不够积极主动，属于必须完成任务式的阅读。根据调查，大多数学生在低年级阶段就已经对阅读有了浓厚的兴趣，而且能够做到自主阅读，而仍有部分孩子需要依靠老师或父母的督促，对于这部分学生我们需要想方法从阅读兴趣或阅读方法、内容进行引导，以帮助他们养成阅读的好习惯。

3. 你喜欢阅读什么类型的书籍?				
A. 绘本	B. 童话	C. 诗歌	D. 科学	E. 漫画
61（30.5%）	57（28.5%）	22（11%）	23（11.5%）	34（17%）
F. 名著	G. 其他			
4（2%）	0			

"你喜欢阅读什么类型的书籍?"这一问题看来,低年级的学生大多爱看绘本和童话书,认为里面的故事生动有趣,插图精美有吸引力;而选择其他书籍类型如诗歌、科学、名著等较为有深度的书籍人数则比较少。对于低年级的孩子而言,最吸引他们的是故事情节的生动曲折以及幽默有趣的插图漫画,对于长篇的文字阅读还需要更多的帮助与引导。

4. 你阅读书籍的时间?			
A. 课间	B. 放学后	C. 课前	D. 节假日
15（7.5%）	120（60%）	9（4.5%）	56（28%）

阅读需要一定时间和数量的积累。在调查中发现,在问及"你阅读书籍的时间"时,有60%的学生表示利用"放学后"的时间来进行阅读,有28%的学生选择在"节假日"进行阅读,有7.5%的学生选择在"课间"阅读,还有4.5%的学生选择在"课前"阅读。由此,我们发现学生阅读的时间偏好大多是在放学后,其次是在节假日阅读。较少学生会选择在课间及课前进行阅读。

5. 你每天阅读书籍的时长?					
A. 不读	B. 十分钟	C. 二十分钟	D. 半个小时	E. 1 个小时	F. 更长
0	14（7%）	26（13%）	93（46.5%）	47（23.5%）	20（10%）

在选择"你每天阅读书籍的时长"时,有23.5%的学生阅读时长为"1个小时",有46.5%的学生阅读时长为"半个小时",还有10%的学生阅读时长"更长",我们发现这部分学生每天能坚持较长的阅读时间,有比较良好的阅读习惯。还有13%的学生阅读时长为"二十分钟",及7%的学生选择"十分钟",这部分学生虽然阅读的时间较短,但是仍能保持每天阅读。从调查结果来看,没有学生

选择"不读"。这说明学生们都已养成了一定的阅读习惯，都对阅读产生了一定的兴趣，仅在阅读时长上有所区别。

6. 你每天大概阅读的字数？				
A. 50 字以下	B. 50-100 字	C. 100 字以上	D. 200 字以上	E. 500 字以上
0	30（15%）	89（44.5%）	68（34%）	13（6.5%）

当问到"你每天大概阅读的字数"时，发现每天阅读"100 字以上"的学生占比最大，达到了 44.5%；紧随其后的是选择每天阅读"200 字以上"的学生，有 34%。从中我们看出学生们每天阅读的量大都适中，符合这个年龄段孩子的阅读特点。阅读量多，选择"500 字以上"的学生占比为 6.5%，说明有部分学生阅读能力较突出。虽然没有学生选择"50 字以下"，但是值得关注的是还有 15% 的学生选择"50—100 字"，这部分学生每天阅读的量较少，需要增加他们的阅读量。

7. 你自主阅读书籍的大概数量是多少？					
A. 0 本	B. 5 本以下	C. 5—10 本	D. 10 本以上	E. 20 本以上	F. 50 本以上
35(17.5%)	85(42.5%)	45(22.5%)	20（10%）	10（5%）	5（2.5%）

从学生的自主阅读的数量上看出，0 本的居然高达 35 人，可见自主阅读能力几乎是没有的。而 5 本以下 85 人，5—10 本是 45 人，这个占了总人数的 22.5%，说明学生们的自主阅读能力大部分偏弱。而 10 本、20 本以上的才占了 15%，50 本以上的仅占 2.5%，可见只有少部分学生有自主阅读能力，而深爱阅读，能自我形成良好的阅读习惯的学生更是为数不多。

8. 你家里有书柜和阅读专区吗？	
A. 没有	B. 有
155（77.5%）	45（22.5%）

调查中的孩子中间，有书柜和阅读专区的孩子仅仅占了总人数的 22.5%，说明家长没有给孩子创设良好的阅读环境。

9. 你经常采取的阅读方式？	
A. 自己阅读	B. 父母共读
86（43%）	114（57%）

上面数据看出 57% 的孩子还依赖于父母共读，而仅有 43% 的孩子能够做到独立自主阅读。这样看来，大部分孩子还在学前依赖于父母的共读，自主阅读能力较弱。

10. 爸爸妈妈和你一起阅读吗？			
A. 从不	B. 偶尔	C. 经常	D. 每天
1（0.5%）	125（62.5%）	69（34.5%）	5（2.5%）

"爸爸妈妈和你一起阅读吗？"提到这个问题，超过半数家长偶尔有时间陪伴孩子阅读，经常阅读的 34.5%，每天阅读的 2.5%。说明大部分学生家庭阅读氛围不够浓，环境没有营造起来。

11. 你和爸爸妈妈是怎样一起阅读的？			
A. 一边看书一边听音频	B. 爸爸妈妈读给我听	C. 我自己读，爸爸妈妈协助我认识不会的字	D. 我和爸爸妈妈一起读
47（23.5%）	92（46%）	20（10%）	41（20.5%）

在和家长一起进行亲子共读时，有 23.5% 的家长选择与孩子一起"一边看书一边听音频"，这部分家长没有注重与孩子之间的言语互动。有 46% 的孩子表明共读时是"爸爸妈妈读给我听"，这样的阅读方式孩子缺少了一定的参与性。但仍有 10% 的孩子在与父母共读时有较强主导性，他们在阅读时可以做到"我自己读，爸爸妈妈协助我认识不会的字"。还有 20.5% 的家长重视与孩子共读时语言和情感的交互，这部分孩子表明共读时是"我和爸爸妈妈一起读"的。

12. 爸爸妈妈带你去书店或图书馆吗？				
A. 从不	B. 几个月一次	C. 每月一次	D. 每周一次	E. 经常
0	7（3.5%）	114（57%）	43（21.5%）	36（18%）

从"爸爸妈妈带你去书店或者图书馆吗？"这一问题看来，没有任何一位家长不带孩子去书店或者图书馆阅读，这也说明了 100% 的家长都带孩子去书店或者图书馆。100% 带去说明家长比较重视培养孩子的阅读习惯和兴趣，有拓宽孩子知识面的强烈意识。但是调查显示，家长仅能做到每月一次的占了 57%，每周带孩子去一次书店的占了 21.5%，这个频率对于孩子阅读兴趣和习惯的培养还远远不能提供充足的支撑。

13．是什么原因让你喜欢阅读书籍？			
A. 有趣的故事情节	B. 好看的插图	C. 喜欢听爸爸妈妈讲故事	D. 从小养成的习惯
26（13%）	67（33.5%）	105（52.5%）	2（1%）

　　当被问及"是什么原因让你喜欢阅读书籍"时，选择"喜欢听爸爸妈妈讲故事"的孩子占比最多，达到了52.5%。从这个结果我们可以发现亲子阅读对孩子的重要性。还有较多孩子被书籍的内容吸引，占比46.5%；其中受"有趣的故事情节"吸引的孩子占13%，受"好看的插图"吸引的孩子占33.5%。我们很惊喜地发现，有1%的孩子已经初步建立了阅读的习惯，因为"从小养成的习惯"而喜爱阅读。

14．是什么原因让你不喜欢阅读书籍？				
A. 对故事情节不感兴趣	B. 书中的图片不吸引我	C. 好多字不认识，看不懂	D. 我不能理解书中的意思	E. 没有人陪我一起阅读
13（6.5%）	21（10.5%）	76（38%）	43（21.5%）	47（23.5%）

　　而当提到"是什么原因让你不喜欢阅读书籍"时，占比最多的是"好多字不认识，看不懂"，达到了38%。这说明孩子们在学前的识字量较少，从而影响了孩子们的阅读兴趣。还有21.5%的孩子因为"我不能理解书中的意思"，导致对阅读缺乏动力。也有17%孩子因为书籍的内容不是自己感兴趣的，所以不喜欢阅读。从这里可以看出，部分家长缺乏挑选书籍的能力，无法选中孩子感兴趣的书籍给孩子进行阅读，导致了孩子对阅读无感。除此之外，还有相当多的孩子是因为"没有人陪我一起阅读"而不喜欢读书，这部分的比例达到了23.5%。结合上一条结果来看，更加凸显了亲子阅读在学前孩子阅读中的重要性。

四、存在问题的原因

　　从前测不难看出，学生在学龄前自主阅读能力普遍较弱，家庭阅读氛围没有形成。究其原因如下：

（一）识字量的水平的限制

　　识字量的多少限制了孩子们自主阅读的能力。学龄前阅读和识字相辅相成，阅读多的孩子识字量会相对较多，从而又刺激孩子自主阅读的欲望，形成良性循环。反之则恶性循环。

（二）家庭背景原因

学生的家庭是否有阅读的氛围直接导致了孩子学龄前是否养成了阅读的习惯。有阅读氛围的父母会给孩子在行为上正向引导，良好的亲子共读习惯也直接影响孩子对书籍的印象，进而影响孩子爱上阅读。

（三）阅读方式过于单一

传统阅读方式是静静地默读，或是父母随自身喜好朗读。随着社会科学信息技术水平的飞速发展，短视频、抖音的出现，电子游戏日趋普及，这些直观又快捷的娱乐方式深深吸引了孩子们。阅读的需求不是没有，而是需要进行迭代。

（四）评价体系单一

在过去很长一段时间里，学生在学龄前并没有一个完善的评价体系去评判他们的阅读水平。很多父母也拒绝给孩子读书，认为读书是一个自然而然发生的事件。如果爱读书的孩子天生优秀，不爱读书的孩子则"不是学习的料"。

（五）阅读环境缺乏

很多学龄前学生在家庭中没有书柜或是书桌，可以说没有基本的阅读环境，再加上父母忙于工作，没有持续、稳定的书籍供给到学生，使得学生在入学前这个重要阶段，没有具备养成良好阅读习惯的最基本条件，学校的共读环境显得尤为重要。

五、对策建议

基于以上认识和存在的问题，我们提出以下几点建议：

（一）创造条件、扩大孩子识字量，激发阅读兴趣

我们可以在课堂教学中以积累为主要目标，开展诵读经典儿歌、名人名言，在共同的学习环境里，多种形式有意识地"磨耳朵"，让学生们"眼、耳、口、心"一齐活动起来，课堂大量诵读中，课后巩固比拼中，生活联系联想中，学生的识字量在低年段有了质的飞跃，自然而然地攻破了"识字量少"这个阅读拦路虎。

（二）开展亲子活动，加大力度促进更深层次的亲子阅读

动员家长行动起来，一起参与到亲子阅读的大军中来，给家长以适当的方法指导，陪伴孩子，从一点一滴做起，每日阅读打卡、每日开口朗读，开展大量的多种

形式的亲子阅读比赛，让学生和家长同时获益，积累语文阅读素材、体会语文学习乐趣，加强家校合作，营造良好的家庭、学校阅读环境。

（三）课堂上给予学生多种形式阅读，丰富阅读体验

如打节奏读，像小马跑步一样快读，像乌龟慢爬一样慢读。还可以行飞花令、模仿中国诗词大会，采取精彩的竞赛读。多种形式的朗读，带给孩子们丰富的阅读体验，使他们在"快文化"泛滥的今天，能觅得读书的乐趣。

（四）完善阅读评价体系

每周给孩子们举行简单的阅读周测，每学期末举行一次阅读能力竞赛，每学期开学举行一次亲子阅读表演大赛。在一个又一个的阅读"里程碑"后，孩子们能清晰地看到自己的进步，在阅读中寻找到无穷的动力，悦读、善读，在经年累月的多样化的阅读评价体系中，积累了海量的阅读体验。

（五）创设良好的阅读环境

全班共读的氛围给予了学生最大的环境支撑。每天在书香氛围里浸泡的孩子，每日都能在集体的带动下，自觉不自觉地输入大量的文字和知识。在长此以往地浸润下，孩子对于母语的语感将会有突飞猛进的收获，同时这些学生对比同龄人对于阅读的敏锐度也将大大提升。

六、结语

学生们进入小学阶段要想建立阅读能力需要一个过程，需要家庭、学校多方力量加强沟通和合作，需要学校学生在教师的引领下积极参与。本文通过对本校学生现状的调查研究，对低年段学生的阅读现状进行了有针对性的分析，并提出了扩大识字量、开展亲子共读、丰富阅读形式、完善评价体系的策略。本研究只是做出了初步的尝试与努力，今后仍需要在研究和推进的过程中加强和完善。

推荐书目

南宁市桂雅路小学 2017 级 3 班
一年级推荐书目

一年级　比例分配：

总数量：60

汉字音韵类 6.67%　童谣童诗类 1%　漫画绘本类 31.67%

童话类 15%　小说故事类 8.34%　其他类 23.34%　电影类 5%

年级	序号	分 类	书 名	作者 / 出版社
一年级	1	汉字类	《画说汉字》	（东汉）许慎 著，吴苏仪 编
	2	汉字类	《字然课》	李进文 著，潘心屏 绘
	3	汉字类	《汉字的故事》（彩绘注音版）	郑培忠 改编
	4	音韵类	《笠翁对韵》	李渔 著
	5	童谣类	《最美的童诗·童谣·童话》	（日）藤川㤗 编绘，屠岸、方谷秀 译
	6	童诗类	《太阳小时候是个男孩》	李姗姗 著
	7	童诗类	《中国绘·诗画童年诗》	李德民 著
	8	童诗类	《外国经典童诗诵读100首》	王宜振 / 西安电子科技大学出版社
	9	童诗类	《打开诗的翅膀》	林良，詹冰等 著，郑明进，曹俊彦等 绘
	10	童诗类	《妹妹的红雨鞋》	林焕彰 著
	11	漫画类	《父与子》	（德）卜劳恩 著，洪佩奇 编译
	12	绘本类	《第一次提问》	（日）长田弘文，（日）伊势英子 图
	13	绘本类	《是谁嗯嗯在我的头上》	霍尔茨瓦特 著
	14	绘本类	《同桌的阿达》	武田美惠 著
	15	绘本类	《黎明开始的地方》	（美）伍德文，（美）波普图，王芳 译
	16	绘本类	《小魔怪要上学》	（法）玛丽·阿涅丝·高德哈 文

年级	序号	分 类	书 名	作者／出版社
一年级	17	绘本类	《勇气》	（美）伯纳德·韦伯 编绘，阿甲 译
	18	绘本类	《小莲的花草四季》	（瑞典）克里斯蒂娜·比约克文
	19	绘本类	《盘中餐》	于虹呈 著／绘
	20	绘本类	《我的爸爸叫焦尼》	（瑞典）波·R·汉伯格 文，爱娃·艾瑞克松 图，彭懿 译
	21	绘本类	《墙壁里的狼》	（英）尼尔盖曼／文，（美）戴夫麦基恩 图，杨玲玲，彭懿 译
	22	绘本类	《喂，小蚂蚁》	（美）菲利普·胡斯，（美）汉娜·胡斯 著，（美）蒂莉 绘，漪然 译
	23	绘本类	《虫字旁》	朱赢春 著／绘
	24	绘本类	《每一个善举》	（美）杰奎琳·伍德森 文，E·B·刘易斯 图，王芳 译
	25	绘本类	《爷爷的红脸颊》	（奥）汉斯·雅尼什 文，（奥）阿尔尤莎布劳 图，王星 译
	26	绘本类	《罗拉的妹妹配方》	（加）安娜·维尔纳夫 文图，王芳 译
	27	绘本类	《邋遢熊和六只白鼠》	（英）克里斯·沃梅尔 著
	28	绘本类	《我不知道我是谁》	（英）布莱克 著，（德）舍夫勒 绘，邢培健 译
	29	绘本类	《手不是用来打人的》	（美）玛丁妮·阿加西博士等 著，玛丽卡·海因莱因 绘
	30	童话类	《安徒生童话》	（丹）安徒生 著，叶君健 译
	31	童话类	《彼得兔的故事》	（英）毕翠克丝·波特 著绘，任溶溶 译
	32	童话类	《青蛙和蟾蜍》	（美）艾诺·洛贝尔 著，潘人木、党英台 译
	33	童话类	《小巴掌童话》	张秋生 著
	34	童话类	《小猪唏哩呼噜》	孙幼军 著
	35	童话类	《吃书的狐狸》	（德）弗朗齐斯卡·比尔曼 著，王从兵 译
	36	童话类	《爱上书的妖怪》	（韩）李相培 著
	37	童话类	《格林童话》	（德）雅各布·格林，（德）威廉·格林 著，吉利安 改写
	38	童话类	《青蛙弗洛格的成长故事》	（荷）马克思·维尔修斯 著
	39	小说类	《一年级大个子二年级小个子》	（日）古田足日 著，（日）中山正美 绘，彭懿 译

续表

年级	序号	分类	书 名	作者/出版社
一年级	40	小说类	《大林和小林》	张天翼 著
	41	故事类	《大头儿子和小头爸爸》	郑春华 著
	42	故事类	《装在口袋里的爸爸》	杨鹏 著
	43	故事类	《因为爸爸》	韩青辰 著
	44	神话类	《中国神话故事》	聂作平 著
	45	日记类	《今天真开心》	孔涵璋 著
	46	常识类	《我的第一本安全护照》	刘劲松等 主编
	47	科普类	《世界上最脏最脏的科学书》	（韩）任淑英 著，（韩）金永权 译
	48	哲学类	《儿童哲学智慧书全集》	（法）奥斯卡·柏尼菲 著
	49	数学类	《燕子，你还记得吗？》	（韩）尹如琳 著，林怀宝等 译
	50	数学类	《时间的故事》	（韩）Hye-Eun SHIN 著，林春颖 译
	51	数学类	《李毓佩数学童话集》	（小学低年级注音版）李毓佩 著
	52	拓展阅读类	《小学语文拓展阅读》	（统编版一上）王崧舟 总编
	53	拓展阅读类	《小学语文拓展阅读》	（统编版一下）王崧舟 总编
	54	经典类	《西游记》	（彩图注音版）吴承恩 原著
	55	物理类	《奇趣大物理》	（英）汤姆·亚当斯 文，托马斯·弗林萨姆 图，荣信文化 编译
	56	哲学类	《为什么我没有钱》	（法）碧姬·拉贝 著，埃里克·加斯特 绘，王恬 译
	57	自然科学类	《神奇校车》第一辑	柯尔 著，迪根 绘
	58	电影类	《玩具总动员》	（2011年奥斯卡最佳动画长片）
	59	电影类	《神奇飞书》	（2012奥斯卡最佳动画短片）
	60	电影类	《熊的故事》	（2016年奥斯卡最佳动画短片）

南宁市桂雅路小学 2017 级 3 班
二年级推荐书目

二年级 比例分配:

总数量: 60

汉字类 5% 童谣童诗类 1% 漫画绘本类 23.34%

童话类 16.67% 小说故事类 1% 其他类 26.67%

电影类 6.67%

年级	序号	分 类	书 名	作者／出版社
二年级	1	汉字类	《有故事的汉字》	邱昭瑜 编著
	2	汉字类	《汉字里的衣食住行》	中国汉字听写大会栏目组 编著
	3	汉字类	《文字的奥秘》	杨一铎、禹秀玲 著
	4	童诗类	《中国绘·诗画童年诗》	李德民 著
	5	童诗类	《打开诗的翅膀》	林良,詹冰等 著, 郑明进,曹俊彦等绘
	6	童诗类	《外国经典童诗诵读 100 首》	王宜振／西安电子科技大学出版社
	7	童诗类	《妹妹的红雨鞋》	林焕彰 著
	8	童诗类	《欢迎小雨点》	圣野 著
	9	诗词类	《陪孩子读古诗词》	马东遥 编著,叶媛媛 绘
	10	传统文化类	《中国记忆·传统节日图画书》	王早早 著,黄弛衡 绘
	11	漫画类	《丁丁历险记》	(比利时)埃尔热 编绘,王炳东 译
	12	漫画类	《三毛流浪记》	张乐平 原作
	13	漫画类	《绝对小孩》	朱德庸 著
	14	散文类	《会飞的种子》	郭风 著,李红专 绘
	15	绘本类	《三只小猪》	(美)大卫·威斯纳 著,彭懿 译
	16	绘本类	《三只小猪的真实故事》	(美)谢斯卡 文, (美)史密斯 图,方素珍 译

年级	序号	分类	书 名	作者／出版社
二年级	17	绘本类	《月亮忘记了》	几米 著
	18	绘本类	《石头汤》	（美）琼·穆特 著，阿甲 译
	19	绘本类	《文字工厂》	（法）爱格尼丝·德·雷斯塔 著，（阿根廷）瓦莱里娅·多冈波 绘
	20	绘本类	《外婆住在香水村》	方素珍 著，（德）索尼娅·达诺夫斯基 绘
	21	绘本类	《鸟儿的信》	（法）亚尼丝·博特隆·马坦 著，欧荷莉·布朗兹 绘
	22	绘本类	《世界的一天》	（日）安野光雅 编
	23	绘本类	《小房子》	（美）维吉尼亚·李·伯顿 著，阿甲 译
	24	绘本类	《六个人》	（英）大卫·麦基 著，芝麻团长 译
	25	绘本类	《灰姑娘》	（美）布朗 绘，彭懿 译
	26	童话类	《电话里的童话》	（意）罗大里著，张密，张守靖 译
	27	童话类	《书本里的蚂蚁》	王一梅 著
	28	童话类	《尼尔斯骑鹅旅行记》	（瑞典）拉格洛芙 著
	29	童话类	《晚上浩浩荡荡的童话》	梅子涵 著
	30	童话类	《红鞋子》	汤素兰 著
	31	童话类	《兔子坡》	（美）罗素 文图，陈诗纮 译
	32	童话类	《了不起的狐狸爸爸》	（英）罗尔德·达尔 著
	33	童话类	《帅狗杜明尼克》	（美）史代格 著，赵永芬 译
	34	童话类	《木偶奇遇记》	（意）科洛迪 著，徐力源 译
	35	童话类	《晴天有时下猪》	（日）矢玉四郎 著
	36	故事类	《没头脑和不高兴》	任溶溶 著
	37	故事类	《我是花木兰》	文君 著，郁蓉 绘
	38	故事类	《不一样的卡梅拉》	（法国）约里波瓦 著，（法国）艾利施 绘，郑迪蔚 译
	39	小说类	《我和小姐姐克拉拉》	（德）茵可夫 著，陈俊 译
	40	小说类	《调皮的日子》	秦文君 著

年级	序号	分类	书名	作者／出版社
二年级	41	日记类	《原野日记》	（日）近藤薰美子 著
	42	寓言类	《伊索寓言》	（古希腊）伊索 著，林维 译
	43	神话类	《中国神话故事》	（注音美绘版）博尔 选编
	44	科普类	《神奇校车·图画书版》	（美）乔安娜·柯尔 著，（美）布鲁斯·迪根 图
	45	科普类	《最美科普·四季时钟系列》	（德）乌纳·雅各布 著，顾白 译
	46	科普类	《一粒种子的旅行》	（德）安妮·默勒 编绘，王乾坤 译
	47	科普类	《酷虫学校》	吴祥敏 著，夏吉、庄建宇 绘
	48	数学类	《安野光雅数学绘本》（共5册）	（日）安野光雅／中国城市出版社
	49	数学类	《数学绘本》（全36册）	（韩）刘永昭等 著／长春出版社
	50	哲学类	《大师经典哲学绘本》	（德）莫妮卡·菲特 文，安图尼·波阿提里斯克 图
	51	哲学类	《我》	藤野可织 著，高畠纯 绘，朱自强 译
	52	自然类	《我的野生动物朋友》	（法）蒂皮·德格雷 著，黄天源 译
	53	生命教育类	《故障鸟》	（英）迈克尔·布罗德 著／绘，方素珍 译
	54	心灵成长类	《我不再生气》	（韩）申贤英 著
	55	电影类	《小兵张嘎》	（漫画版，获2005年中国政府华表奖优秀动画片奖）
	56	电影类	《狮子王》	（第67届奥斯卡最佳原著音乐和最佳电影主题曲）
	57	电影类	《勇敢传说》	（2013奥斯卡最佳动画长片奖）
	58	电影类	《花木兰》	（第26届安妮奖杰出个人成就奖—动画电影导演）
	59	创意写作类	《小学创意写作》（二上）	郭学萍 主编
	60	创意写作类	《小学创意写作》（二下）	郭学萍 主编

南宁市桂雅路小学 2017 级 3 班
三年级推荐书目

三年级　比例分配：

总数量：70

　　益智侦探类 4.2%　成语类 1.4%　经典名著类 5.7%　古典名著类 1.4%　漫画类 1.4%　儿童文学类 5.7%　绘本类 8.6%　科普／百科 11.4%　童话类 30%　神话类 7.1%　魔幻文学类 1.4%　小说类 8.6%　故事类 14.3%　图画类 2.9%　想象类 1.4%　传记类 1.4%　校园日记类 1.4%　儿童哲学类 1.4%　地理类 1.4%

年级	序号	分 类	书 名	作者／出版社
三年级	1	益智侦探类	《小鹿斑比》	（奥）费力克斯·萨尔登 著 接力出版社
	2	益智侦探类	《大侦探福尔摩斯》（24 册）	（中国香港）厉河 著
	3	益智侦探类	《名侦探柯南》（系列）	青山刚昌 著
	4	成语类	《成语怪探》（4 册）	新疆青少年出版社
	5	经典名著类	《草原上的小木屋》	（美）英格斯·怀德 著
	6	经典名著类	《海底两万里》	（法）凡尔纳 著
	7	经典名著类	《山海经》	南京大学出版社
	8	经典名著类	《格兰特船长的儿女》	（法）儒勒·凡尔纳 著
	9	古典名著类	《七侠五义》（3 册）	俞樾　润色修订
	10	漫画类	《中国趣味寓言故事》（漫画）（5 册）	叶顺发 著
	11	儿童文学类	《故事奇想树》系列	青岛出版社
	12	儿童文学类	《秘密花园》	（英）弗朗西斯 著
	13	儿童文学类	《手斧男孩》	（美）盖瑞·伯森 著
	14	儿童文学类	《小太阳》	林良 著

续表

年级	序号	分 类	书 名	作者／出版社
三年级	15	绘本类	《世界名人传记·励志成长绘本》（10 册）	（日）武鹿悦子等 著
	16	绘本类	《从小爱旅游》世界风俗地理绘本（9 册）	湖南少年儿童出版社
	17	绘本类	《快乐经济学》启蒙绘本（10 册）	湖南少儿出版社
	18	绘本类	《学习原来这么好玩》2 册	北京联合出版公司
	19	绘本类	《犟龟》	米切尔·恩德 绘著
	20	绘本类	《亚瑟与金绳子》	（英）乔·托德·斯坦顿 绘著
	21	科普／百科	《科学改变人类生活的 119 个伟大瞬间》	浙江少年儿童出版社
	22	科普／百科	《城市调查局》（4 册）	范妮·若利 著
	23	科普／百科	《影响孩子一生的 11 个生活技能》（11 册）	青岛出版社
	24	科普／百科	《十万个为什么》	（苏联）米·伊林 著
	25	科普／百科	《细菌世界历险记》	高士其 著
	26	科普／百科	《爷爷的爷爷哪里来》	贾兰坡 著
	27	科普／百科	《地球的故事》	房龙 著
	28	科普／百科	《乌拉波拉故事集》	（德）柏吉尔 著
	29	童话类	《最美最美的中国童话》	江苏凤凰美术出版社
	30	童话类	《爱丽丝漫游奇境》	光明日报出版社
	31	童话类	《乌丢丢的奇遇》	金波 著
	32	童话类	《绿野仙踪》	（美）弗兰克·鲍姆 著
	33	童话类	《意大利童话》	（意）卡尔维诺 著
	34	童话类	《尼尔斯骑鹅旅行记》	（瑞典）塞尔玛·拉格洛夫 著
	35	童话类	《彼得潘》	（英）詹姆斯·马修·巴利 著
	36	童话类	《巨人的花园》	（英）王尔德 著
	37	童话类	《小王子》	（法）圣·埃克絮佩里 著
	38	童话类	《夏洛的网》	（美）怀特 著

续表

年级	序号	分类	书 名	作者／出版社
三年级	39	童话类	《时代广场的蟋蟀》	（美）乔治·塞尔登 著
	40	童话类	《五个孩子和一个怪物》	（英）伊迪斯 著
	41	童话类	《宝葫芦的秘密》	张天翼 著
	42	童话类	《蓝熊船厂的 13 条半命》	（德）莫尔斯 著
	43	童话类	《帅狗杜明尼克》	（美）威廉·史代格 著
	44	童话类	《皮皮鲁传》	郑渊洁 著
	45	神话类	《西游记》	吴承恩 著
	46	神话类	《中国古代神话》	华夏出版社
	47	神话类	《希腊神话故事》	（德）施瓦布 著
	48	神话类	《吉尔伽美什》	程水 改编
	49	神话类	《美洲印第安民间神话》	（美）康普顿 著
	50	魔幻文学类	《哈利·波特》	（英）罗琳 著
	51	小说类	《戴小桥和他的哥们儿》	梅子涵 著
	52	小说类	《我的妈妈是精灵》	陈丹燕 著
	53	小说类	《小石头日记》励志校园小说（4 册）	长江少年儿童出版社
	54	小说类	《狼王梦》	沈石溪 著
	55	小说类	《斑羚飞度》	沈石溪 著
	56	小说类	《穿裙子的小男子汉》	（英）威廉姆斯 著
	57	故事类	《蓝色的海豚岛》	（美）奥苔儿 著
	58	故事类	《5 月 35 日》	埃里希·凯斯特纳 著
	59	故事类	《妈妈走了》	海茵 著
	60	故事类	《小小总统：美国总统小时候的真实故事》	（美）戴维·斯特布勒 著
	61	故事类	《阿凡提智慧故事》	艾克拜尔·乌拉木等著
	62	故事类	《爱读书的男孩：林肯》	（美）温特斯 文
	63	故事类	《猎人笔记》	（俄）屠格涅夫 著
	64	图画类	《中国传统节日故事图画书》	高洪波 著

续表

年级	序号	分　类	书　名	作者／出版社
三年级	65	图画类	《生命的故事》	（美）维吉尼亚·李·伯顿　著
	66	想象类	《孙悟空在我们村子里》	郭风　著
	67	传记类	《西顿动物故事》	（加）西顿　著
	68	校园日记类	《小屁孩日记》	（美）杰夫·金尼　著
	69	儿童哲学类	《儿童哲学智慧书》（全9册）	（法）奥斯卡·柏尼菲　著
	70	地理类	《让孩子着迷的中国地理》	石岩　著

南宁市桂雅路小学 2017 级 3 班
四年级推荐书目

四年级　比例分配：

总数量：70

　　绘本类 5.7%　作文指导类 1.4%　　儿童文学类 1.4%　　小说类 20%　童话类 21.4%　故事类 24.2%　植物类 1.4%　自传体小说类 1.4%　纪传类 1.4%　科普 / 百科 2.9%　经典名著类 5.7%　想象类 1.4%　艺术史类 1.4%　图书类 1.4%　儿童文学 2.9%　诗歌类 4.3%　戏剧类 1.4%

年级	序号	分类	书名	作者 / 出版社
四年级	1	绘本类	《失落的一角》	希尔弗斯坦 著
	2	绘本类	《荷花镇的早市》	周翔 著
	3	绘本类	《春秋故事》	林汉达 著
	4	绘本类	《林汉达中国历史故事集》	林汉达、雪岗 著
	5	作文指导类	《最西游作文》	袁艳 著
	6	儿童文学类	《我是白痴》	王淑芬 著
	7	小说类	《今天我是升旗手》	黄蓓佳 著
	8	小说类	《金银岛》	史蒂文森 著
	9	小说类	《绿山墙的安妮》	蒙哥玛利 著
	10	小说类	《男生贾里》	秦文君 著
	11	小说类	《女生贾梅》	秦文君 著
	12	小说类	《驯鹿苔原》	谢长华 著
	13	小说类	《一诺的家风》	孙卫卫 著
	14	小说类	《蓝色的海豚岛》	（美）司各特·奥台尔 著
	15	小说类	《天鹰翱翔》	李潼 著
	16	小说类	《电车上的陌生人》	（加）莎朗·E. 麦凯伊 著

年级	序号	分类	书　名	作者/出版社
四年级	17	小说类	《那年深夏》	史蒂夫·克卢格　著
	18	小说类	《爱德华的奇妙之旅》	（美）凯特·迪卡米洛　著
	19	小说类	《我也有过小时候》	任溶溶　著
	20	小说类	《毛毛》	（德）米切尔·恩德　著
	21	童话类	《红蜡烛与美人鱼》	（日）小川未明　著
	22	童话类	《吹小号的天鹅》	（美）E·B·怀特　著
	23	童话类	《动员远征队》	（英）柯林·丹　著
	24	童话类	《小野兽学堂》	汤汤　著
	25	童话类	《雪精来过》	汤汤　著
	26	童话类	《小国王十二月》	（德）阿克塞尔·哈克　著
	27	童话类	《我的错都是大人的错》	几米　著
	28	童话类	《新美南吉儿童文学经典》系列	（日）新美南吉　著
	29	童话类	《骑鹅旅行记》	（瑞典）拉格洛芙　著
	30	童话类	《布罗镇的邮递员》	郭姜燕　著
	31	童话类	《十四个窗口》	林世仁　著
	32	童话类	《小红豆与街角蛋糕店》	梅斯繁　著
	33	童话类	《王子与贫儿》	（美）马克·吐温　著
	34	童话类	《小鹿斑比》	（奥）费力克斯·萨尔登　著
	35	童话类	《埃米尔擒贼记》	明天出版社
	36	故事类	《十岁那年》	（美）赖清河　著
	37	故事类	《獾的礼物》	华莱　著
	38	故事类	《漫漫求水路》	（美）琳达·休·帕克　著
	39	故事类	《听见颜色的女孩》	（美）莎朗·德雷珀　著
	40	故事类	《班长下台》	桂文亚　著
	41	故事类	《拯救天才》	王林柏　著
	42	故事类	《欧洲精灵传奇》	（英）伊妮克·费斯许伦　著
	43	故事类	《铁丝网上的小花》	（意）诺森提　著

年级	序号	分 类	书 名	作者 / 出版社
四年级	44	故事类	《米兰的秘密花园》	程玮 著
	45	故事类	《雪地寻踪》	（俄）维·比安基 著
	46	故事类	《活了一百万次的猫》	（日）佐野洋子 著
	47	故事类	《总有一天会长大》	蒿根 著
	48	故事类	《罐头里的小孩》	（奥）克里斯蒂娜·涅斯特林格 著
	49	故事类	《黑天鹅紫水晶》	沈石溪 著
	50	故事类	《小狐狸阿权》	（日）新美南吉 著
	51	故事类	《马克的完美计划》	（美）丹·格迈因哈特 著
	52	故事类	《寻找莎拉》	广西师大出版社
	53	植物类	《青铜葵花》	曹文轩 著
	54	自传体小说类	《城南旧事》	林海音 著
	55	纪传类	《马克波罗游记》	（德）安科·杜尔察普夫 著
	56	科普 / 百科	《101 个神奇的实验》	（德）安提亚·赛安 著
	57	科普 / 百科	《最后的藏羚羊》	黑鹤 著
	58	经典名著类	《三国演义》	罗贯中 著
	59	经典名著类	《昆虫记》	（法）法布尔 著
	60	经典名著类	《假如给我三天光明》	光明日报出版社
	61	经典名著类	《老人与海》	（美）海明威 著
	62	想象类	《狮子、女巫和魔衣柜》	（英）C·S·刘易斯 著
	63	艺术史类	《希利尔讲艺术》	（美）希利尔 著
	64	图书类	《海错图笔记》	张辰亮 著
	65	儿童文学	《草房子》	曹文轩 著
	66	儿童文学	《风又三郎》	（日）宫泽贤治 著
	67	诗歌类	《新月集》	泰戈尔 著
	68	诗歌类	《繁星·春水》	冰心 著
	69	诗歌类	《梦的门》	王立春 著
	70	戏剧类	《青鸟》	（比）美特林克 著

活动方案

南宁市桂雅路小学 2017 级 3 班
"家长进课堂"一年级亲子阅读活动方案

一、指导思想

为弘扬祖国优秀的传统文化，进一步丰富校园文化生活，努力营造积极向上、健康文明的校园文化氛围，根据时代的要求以及学生阅读的现状，以大语文背景下的多元化阅读为切入点，展现学生的个性风采和精神面貌，更好激发学生的阅读兴趣，扩大阅读广度和深度，培养良好的阅读习惯，提高阅读能力，促进语文核心素养的提升，结合不同方式的阅读实践研究，课题组老师在所执教的班级开展了大语文背景下的多元化阅读的实践研究。

二、活动目的

创设良好的学习研究氛围，在师生共读中，培养良好的阅读习惯，提高阅读能力，促进语文核心素养的提升。让学生充实起来，享受阅读，深爱阅读。

三、活动原则

1. 教育性原则。通过大语文背景下的多元化阅读，增长学生的知识，开阔学生的视野，陶冶学生的身心，培养学生的文学素养，并在阅读中感悟真善美的真谛。

2. 活动性原则。把阅读与活动相结合，通过活动，使学生在愉悦的氛围中激发课外阅读兴趣，把学生从繁重的训练中解脱出来，增长他们的才干，提高整体素养。

3. 指导性原则。重视对读物的推荐和阅读方法的指导，帮助学生积累知识，主动参与阅读。

四、活动主题

读书，为人生奠基。

五、活动口号

成为最好的自己。

六、活动参与人员

组　长：老师

副组长：家委会会长

组　员：全体家长

七、活动基本要求

（一）第一阶段：教师授课带读

1. 班级打印统一的共读读物

2. 共读时间：

每天语文课 10 分钟共读

3. 共读形式：多种形式朗读儿歌。（拍手读、唱读、变声读、变换节奏读）

4. 每天共读背诵量：5 首起

5. 每学期共读量：最低 5 本起。

6. 班级图书角：

创建班级图书箱，要求每生带一本书到班级与其他同学共享。各班每月定期集中向学校图书室借阅图书，全班共享。

7. 具体安排

年段	内　容	要　求	活　动
一年级（上）	《儿歌拼音 77 首》	朗读，背诵	晨读，午读、课前准备时间
一年级（下）	《成语儿歌 100 首》《歇后语儿歌 100 首》《谚语儿歌 100 首》《三字童谣》	朗读，背诵	晨读，午读、课前准备时间

（二）第二阶段：检测

1. 检测内容：一是文本内容，二是识字量，三是成语谚语俗语歇后语。

2. 活动要求：

（1）给全班家长分 10 组，每组家长负责一本书的考查。两年为一周期。

（2）每次考查的方式可以在安排的基础上变换，鼓励多种形式考查。

（3）出题员 2 人，考查员 2 人，记录拍摄宣传员 1 人。

（三）第三阶段：评比颁奖

每次活动结束后，采取不同形式的颁奖，以激励孩子。

活动内容	颁　　奖
《儿歌拼音 77 首》	录制视频，在班级公众号上展示，集赞。
《成语儿歌 100 首》	发贴贴纸，集够数量换礼品。
《歇后语儿歌 100 首》	发贴贴纸，集够数量换礼品。
《谚语儿歌 100 首》	发贴贴纸，集够数量换礼品。
《三字童谣》	获奖者在学校公开场所获得展示机会。

八、读书活动系列活动安排

活动内容	活动安排	分　组
《儿歌拼音 77 首》	拼音检测抽奖卡	第一、二小组
《成语儿歌 100 首》	出 ppt，抽查生字，补充词语，看图猜成语	第三、四小组
《歇后语儿歌 100 首》	出 ppt，抽查生字，补充词语，看图猜歇后语	第五、六小组
《谚语儿歌 100 首》	出 ppt，抽查生字，补充词语，看图猜谚语	第七、八小组
《三字童谣》	创编童谣，配图，展示	第九、十小组

读书是一个积累的过程，也是一项长期的工程，一年级最主要的是让其有一个好的习惯，每天能快乐地读书，能体验到读书的快乐，为孩子一生的幸福奠定基础。自觉遵守工作时间，实行不定时工作制的员工不必打卡。

南宁市桂雅路小学 2017 级 3 班

2018 年 3 月

南宁市桂雅路小学 2017 级 3 班
"绘画阅读"一年级主题阅读活动方案

一、指导思想

　　绘本，给一年级的孩子们开启了一扇知识的大门。孩子们读着富有创意的故事，欣赏着绘画大师的作品，在潜移默化中受到熏陶和启发。在低年段的语文教学中，将绘本阅读与绘画充分结合，非常符合孩子的年龄特点，因为孩子们处于形象思维为主的时期，而且识字量不多，孩子们喜欢画画，善于用形状和色彩去表达，能够通过绘画展开对故事的理解和想象，并且能够加深对故事内容的理解和感悟。因此，班级开展"我手画我心"绘画阅读的活动，以绘画为载体，激发阅读的内部动力，促进孩子们自主阅读能力的发展。

二、活动目的

　　1. 通过绘画让孩子们读懂绘本故事内容、获取信息和知识。
　　2. 通过绘画阅读发展思维，提高孩子们对书籍的理解力、想象力和创造力。
　　3. 通过"绘画＋阅读"的模式，满足孩子的心理需要，让孩子们爱上阅读。

三、活动主题

　　"我手画我心"一年级绘画阅读主题活动

四、活动时间

　　2018 年 3 月—7 月

五、活动地点

　　班级教室

六、活动参与对象

　　2017 级 3 班全体学生

七、活动流程

（一）第一阶段：准备工作

　　1. 教师根据学生年龄特点，挑选阅读绘本

2. 加强"家校沟通",参与亲子共读

3. 购买书籍,制作阅读导入课课件

4. 建立图书角

(二)第二阶段:具体实施

1. 每天利用课前 5 分钟,讲一个绘本故事

2. 每周抽一节课上绘本故事绘画课

(1)认识封面封底

(2)了解故事内容

(3)把握故事内涵

(4)讲述精彩故事

(5)现场角色演绎

(6)绘画绘本故事(可选择故事人物、故事情节、故事感想等)

(7)教师巡回指导

(三)第三阶段:评比表彰

1. 参赛作品要求

用 A4 纸将阅读的绘本故事画下来,可选择故事人物、故事情节、故事感想等,根据故事内容,大胆发挥自己的想象。

2. 评价方式

绘画层面:构图饱满、色彩协调、笔触细腻等

故事层面:完整性、趣味性、独特性、创新性

3. 粘贴优秀绘画作品,学生投票评选

4. 评比等次

设一等奖和二等奖,以及最佳绘画奖、最佳故事奖和最佳创意奖

(四)第四阶段:总结展示

1. 教师总结活动

2. 颁发奖状和奖品

3. 一等奖选手拿着绘画作品,讲述故事

4. 举行"优秀绘画作品"展

南宁市桂雅路小学 2017 级 3 班

2018 年 3 月

南宁市桂雅路小学 2017 级 3 班
"和大人一起读"二年级亲子阅读活动方案

一、指导思想

古人云："松声、涧声、琴声、鹤声……皆声之至清者，而读书声为最。"阅读关联着一个人的气质、胸襟、品格、智慧、个性。当然阅读也是语文学习必不可少的一个重要环节，也是一个人终身发展的一项重要资本。古今中外，许多名家都提出阅读的重要性，许多事实也证明了孩子从小形成良好的阅读习惯会使孩子终身受益。激发学生阅读兴趣、加强课外阅读的一个重要举措，体现了课内外阅读相结合的重要思想。给学生打造良好的阅读环境，激发学生的读书兴趣，培养学生良好的阅读习惯。

二、活动目的

学校是孩子学习成长的地方，家庭是孩子栖息的港湾，父母又是孩子的第一任老师，家庭、学校是孩子一生受教育的两个重要阵地。一年级正是学习阶段伊始之际，家校携手，开展"和大人一起读"亲子阅读活动，营造浓厚的读书氛围，激发学生的读书兴趣，培养孩子读书习惯，促进孩子全面健康地成长。

三、活动主题

"漫步书林、遨游学海"

四、活动时间

2018 年 9 月 20 日

五、活动地点

1. "和大人一起读故事"比赛安排在多媒体教室

2. "小故事家"比赛安排在 APP 上打卡，每月在班级教室颁奖一次

3. "亲子共读书香家庭"可由 APP 打卡记录筛选，在开学典礼前罗列出一等奖家庭、二等奖家庭名单，在开学典礼当天在多媒体进行颁奖。

六、活动人员

桂雅路 2017 级 3 班老师、家长、学生

七、活动流程

第一阶段：宣传动员

1. 向家长宣传：学校将开展"和大人一起读"读书活动，并简要说明此项活动的目的。

2. 学校召开家校联谊活动，讲明家校携手，开展"和大人一起读"的重大意义，号召和大人一起共读。并倡议老师、家长和孩子同阅一本好书，在学校和家庭中形成读书热潮。

第二阶段：继续沿用上一学年的"和大人一起读"反馈表

第三阶段：方法探讨

1. 向家长推荐孩子必读的书目或要购买的书目，每学期至少两本。

2. 监督孩子填写好"和大人一起读"反馈表，如实反映孩子在家的阅读情况。

反馈表如下（以《小兔子乖乖》一文为例）：

"和大人一起读"反馈表	
班别：　　　　　　姓名：　　　　　　等级：	
阅读题目	《小兔子乖乖》
阅读时间	年　　　月　　　日
阅读者	爸爸　妈妈　　（请打√，根据实际可多选）
阅读形式	范读　齐读　接力读　分角色读　表演读　（请打√，根据实际可多选）
阅读次数	一次　两次　三次　四次　五次　六次　七次　（请打√）
阅读情况	不流利　基本流利　流利　很流利　（请打√）

续表

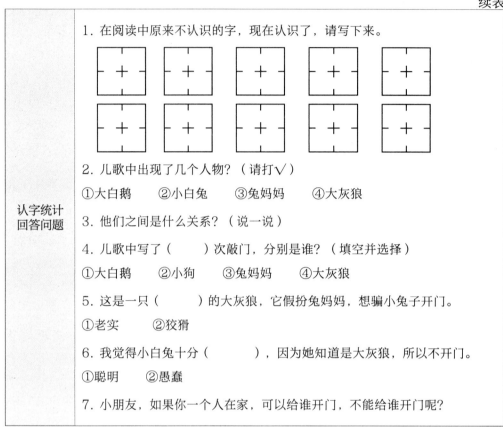

| 认字统计
回答问题 | 1. 在阅读中原来不认识的字，现在认识了，请写下来。 |

1. 在阅读中原来不认识的字，现在认识了，请写下来。

2. 儿歌中出现了几个人物？（请打√）

①大白鹅　　②小白兔　　③兔妈妈　　④大灰狼

3. 他们之间是什么关系？（说一说）

4. 儿歌中写了（　　　）次敲门，分别是谁？（填空并选择）

①大白鹅　　②小狗　　③兔妈妈　　④大灰狼

5. 这是一只（　　　）的大灰狼，它假扮兔妈妈，想骗小兔子开门。

①老实　　②狡猾

6. 我觉得小白兔十分（　　　），因为她知道是大灰狼，所以不开门。

①聪明　　②愚蠢

7. 小朋友，如果你一个人在家，可以给谁开门，不能给谁开门呢？

3. 根据反馈，开展丰富多彩的展示活动（如：每日将"和大人一起读反馈表"上传班群，由教师展示优秀作业，并叮嘱孩子参照优秀作业进行订正。将优秀作业张贴到班级文化墙的展示栏区域），并向各位家长通报，让家长充分重视，并向自己的孩子宣传身边的榜样，促进孩子的阅读兴趣。

4. 在家长会中，让家长和老师共同探讨亲子共读的方法，发现家长共读的榜样，提议这些家长把自己的阅读经验进行心得交流，让更多的家长掌握指导孩子阅读的方法、经验。

第四阶段：成果汇报

1. 开展"和大人一起读故事"比赛（一等奖占50%、二等奖占50%）。

2. 开展"小故事家"活动，比一比谁和家长共读的书多，每月评比一次"共读之星"，在班级颁奖、合影留念、上传班级荣誉相册，向家长们告知。

3. 每学期评选一次"亲子共读书香家庭"（一等奖占50%、二等奖占50%）。

八、活动分工及安排

活动成员：班级老师、家长、学生

具体分工：

1. 老师编撰"和大人一起读"反馈表

2. 老师策划"和大人一起读"活动方案。分三个系列，一是开展"和大人一起读故事"比赛、二是开展"小故事家"活动、三是评选"亲子共读书香家庭"

3. 家长负责参与"和大人一起读故事"活动并按时打卡

4. 学生每日填写"和大人一起读反馈表"

5. "和大人一起读故事"活动和"亲子共读书香家庭"活动老师为总统筹、策划、主持、评委、通讯员。每月"小故事家"评比活动教师为统计员、主持人，同时要负责拍照上传班级"和大人一起读"活动荣誉相册。

南宁市桂雅路小学 2017 级 3 班

2018 年 9 月

南宁市桂雅路小学 2017 级 3 班
"好书乐分享"二年级阅读活动方案

一、指导思想

好书乐分享，用阅读引领成长。二年级的学生有了一定的阅读积累与阅读基础，更应趁热打铁，对阅读书目有进一步的选择，提高阅读的挑战性。一年级已经定期开展过阅读活动，二年级的读书分享活动旨在进一步拓展学生的知识面，提高学生的阅读能力，丰富学生的语文素养。让每一个孩子畅游书海，让每一个孩子都能从浓浓的书香中汲取营养。快乐读书、博览群书，在阅读中快乐成长，让心灵沐浴书香。

二、活动目的

1. 促进学生阅读理解能力的提高。

2. 开阔学生视野，了解学习更丰富的知识。

3. 引导学生博览群书，提高自身语文素养。

三、活动主题

二年级"好书乐分享"读书分享会

四、活动时间

2018 年 9 月—2019 年 12 月，同时利用每周班会时间开展读书分享活动，让学生和家长共同参与。

五、活动地点

班级教室

六、活动人员

教师、全体学生、家长

七、活动流程

（一）第一阶段：2018 年 9 月

1. 教师提前做好活动策划，并通过家长会、家长群等渠道让家长明确阅读的要求，让家长能够结合孩子的实际情况对一年级的阅读计划进行修改，提高要求、配合教师督促学生开展课外阅读。

2. 规范班级文明布置。更换班级图书角书目，制作读书成果作品展、书香板报，推荐适当的二年级阅读书目，引导学生阅读较为经典的书籍。

3. 要求学生人人参与，实行每天四读：早读、午读、课间读、阅读课读。保证学生每天的阅读时间不能低于一个小时。

（二）第二阶段：2018 年 10 月—11 月

1. 教师引导讲授二年级的阅读要求，并列出推荐书目，同时要求学生每天保持阅读、及时做好阅读笔记。同时鼓励家长与孩子共读一本书，共同探讨书本中的一个话题。

2．要求人人做好阅读笔记。可随手在书上做好记录，每个学生准备一本阅读笔记本，并在一本书阅读结束后做好阅读笔记或阅读感受的记录，每读完一本书写一篇阅读笔记或读后感。小组长定期检查同学们的阅读笔记。

3．学生提前准备好每周要分享的阅读书目及心得感受，鼓励学生和家长进行亲子阅读展示（可通过课件、现场朗诵表演等多种方式呈现阅读成果）。

4．利用每周班会召开"好书乐分享"读书分享会。

（1）同学们按照学号顺序轮流担任小主持人，阐述活动意义并宣布活动开场

（2）按照学号顺序，同学们依次上台展示自己本周的阅读书目、书籍作者等信息

（3）同学们介绍本周阅读书籍的主要内容并分享自己的阅读感受

（4）展示的同学或亲子之间共同对本周阅读书籍中的一个片段进行朗诵展示

（5）教师、学生、家长共同对展示进行点评，对上台展示的同学或家长进行考核评定

（6）择优评选出本周的"阅读之星"

（7）教师针对本次活动进行总结，并宣布活动结束

5．制定阅读登记表，记录好每周、每月自己所阅读的书籍、阅读的时间等相关信息。教师定期抽查，班级内互相评比。

（三）第三阶段：2018年12月—2019年2月

1．评选优秀作品，制作班级微信进行宣传。

2．评选优秀阅读成果，张贴在班级的读书作品展上。

3．对本学期坚持阅读并能够精读5本以上的学生进行奖励。

4．制定假期阅读计划，利用假期时间进行阅读打卡，坚持每天阅读的好习惯。

（四）第四阶段：2019年3月

1．布置新学期的阅读任务，制定本学期的阅读书目、阅读计划。

2．实行每天四读：早读、午读、课间读、阅读课读。

（五）第五阶段：2019年4月—5月

1．学生根据阅读计划与阅读书目每天坚持阅读，鼓励家长与孩子共读一本书，共同形成阅读成果。

2. 要求每位同学做好阅读记录，每完成一本书的阅读及时记录自己的阅读感受，形成自己的阅读成果，准备好上台展示阅读成果。

3. 班级每周定期召开"读书乐分享"阅读分享会。按照学号顺序轮流上台展示自己阶段性的阅读成果。可通过课件展示分享自己的感受，同时加上诵读表演，加深对书本内容的探讨与解读。

4. 制定阅读登记表，记录好每周、每月自己所阅读的书籍、阅读的时间等相关信息。

5. 教师、小组长不定期检查同学们的阅读笔记，督促同学们坚持做好阅读记录。

（六）第六阶段：2019年6月—8月

1. 评选优秀作品，制作班级微信进行宣传。

2. 评选优秀阅读成果，张贴在班级的读书作品展上。

3. 总结本学期活动的经验与不足，针对同学们在阅读过程中出现的问题进行再次交流指导。

4. 对本学期内能坚持阅读5本完整书籍并形成自己的阅读成果的同学颁发奖状进行鼓励。

5. 引导学生制定假期阅读计划，利用假期时间进行阅读打卡，坚持每天阅读的好习惯。

八、活动分工及安排

1. 创建浓郁的班级读书氛围。教师负责做好活动的策划，指导学生进行阅读，教授阅读方法，建立健全班级图书阅读体系，指导活动顺利开展。

2. 学生每天固定时间进行阅读，轮流担任活动的小主持人。

3. 家长提前准备好活动用品，在活动当天进行拍照记录，制作微信宣传。

南宁市桂雅路小学 2017 级 3 班

2018 年 9 月

南宁市桂雅路小学 2017 级 3 班
"我来讲成语故事"三年级阅读活动方案

一、指导思想

　　书籍是人类进步发展道路上宝贵的财富，是人生航向的指示灯，是照亮未来的灯塔，是古今交融的桥梁。在大语文背景下开展读书活动，也是提高教育教学质量的有效途径。成语是我国古代先人留传下来的文化智慧，值得每一代人学习和传承。为了扩大学生的阅读量，增加学生的成语积累，活跃学校文化，促进学生的个性发展，让每一位学生与书为伴，养成爱读书、好读书、读好书的习惯，特制订此读书计划。

二、活动目的

　　1. 激发学生对读书的主动性，使学生养成爱读书、好读书、读好书的好习惯。

　　2. 丰富学生的课外阅读量，在阅读中积累大量成语典故，大力促进学生知识的更新、思维的活跃、综合素质的提高。

　　3. 引导学生与经典好书交朋友，营造良好的读书氛围。

三、活动主题

　　我来讲成语故事

四、活动时间

　　2019 年 9 月—2020 年 6 月

五、活动地点

　　南宁市桂雅路小学三（3）班

六、活动人员

　　南宁市桂雅路小学三（3）班全体学生

七、活动流程

（一）第一阶段：宣传动员阶段（2019年9月中旬）

1. 发放《一（2）班亲子读书活动倡议书》，倡导亲子读书活动的理念。家长与孩子一起每天坚持进行20分钟左右的亲子阅读；一起约定每周星期日为"家庭阅读日"，在这天抽出1小时来进行家庭共读。在家长的陪伴下，孩子们能更易养成阅读的习惯，构成家校读书合力，引导家长为孩子营造书香家庭的氛围。

2. 利用语文课、班会及家长群，对该活动的目的与意义进行宣传。

（二）第二阶段：准备阶段（2019年9月中下旬）

1. 制定读书计划

在全班范围内制定班级阅读计划。（1）资料：推荐阅读《成语接龙》等与成语故事有关的书目。（2）时间：利用每一天早读、午读和每一天晚上、周末的时间进行读书活动。（3）阅读量安排：每天积累至少三个成语故事。（4）阅读方法：准备阅读笔记本，每天记录阅读的成语故事中的成语，并记录相关联的主要人物，同时记录成语出处。如图所示：

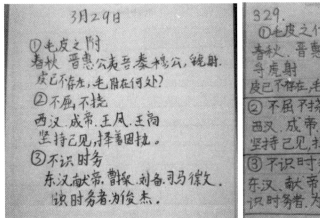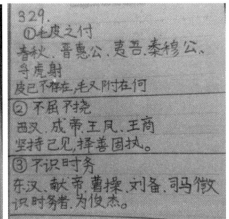

注：因学生尚处于低年段，故有个别错别字出现的情况是允许的，在后续的阅读过程中会慢慢改进。

2. 营造良好的读书氛围，为成语故事能说出来提供先决条件

（1）营造一个书香班级，注重打造班级的阅读氛围。在阅读后鼓励孩子将读到的成语故事与同学交流，回家后与家长交流。

（2）指导家长在家陪同孩子一起阅读成语故事，鼓励孩子用自己的话把成语故事讲出来。

3．开展"我来讲成语故事"活动

利用语文课和班会，提前让孩子准备好自己最喜欢的成语故事，以表演的形式在全班人面前讲成语故事给大家听。

（三）第三阶段：活动阶段（2019年10月至2020年5月）

1．教师每天布置三个成语故事的阅读任务，学生回家后按质按量完成阅读进度。每天阅读完成后，在自己的阅读记录本上记录好当天阅读的成语故事的主要人物以及成语出处。

2．每天除了阅读新的成语故事外，还要抽出5分钟在已阅读过的成语故事中讲一个给自己的爸爸妈妈听。讲的过程中爸爸妈妈要注意孩子说的故事的完整性，以及是否包含了阅读记录本上的主要人物及成语出处。

3．每天上课前全部一起回顾前一天阅读的成语故事，每天请三位孩子分别简要地讲讲自己读到的成语故事，有遗漏的地方请同学帮忙补充。

4．在校每周提供至少一节课来进行讲成语故事的展示活动，为孩子们尽可能多地提供展示自己的舞台。

5．提高课堂教学效率，保证课外阅读正常、有效地开展。

（四）第四阶段：展示分享阶段（2020年6月）

1．利用一个下午的时间举办"我来讲成语故事"活动，邀请家长一起来参加。在父母的见证下，让孩子充分地展示自己。

2．同学互评：在听完别人讲的成语故事后，同学间互相评价，找出至少两点同学讲得好的地方。

3．教师总结整个活动。所有展示的孩子都能得到"成语故事大王"的称号。

书声琅琅，笑声朗朗，让孩子在书声、笑声中欢乐、健康地成长。我相信在"随风潜入夜，润物细无声"中，在我们的共同努力下，学生将在读书中求得知识，在读书中明了事理，在读书中学会做人！

南宁市桂雅路小学2017级3班

2019年9月

南宁市桂雅路小学 2017 级 3 班
"配音秀秀秀"
三年级阅读活动方案

一、指导思想

配音一般指为电影、电视剧、多媒体加入声音，是配音演员用自己的声音和语言在银幕后、话筒前进行塑造和完善各种个性鲜明、栩栩如生的人物形象的创造性工作，是一门语言艺术。语音模仿对语言学习有着巩固基础和语用提高的效果，为了让孩子们对语言表达中的语音、语调、节奏有更好的把握，能够提高自如的控制自己声音的能力及普通话的水平，体验各种不同人物的声音和情感，提升作品的阅读理解力，同时丰富学生课外生活，努力营造积极向上、健康文明的班级活动氛围，展示学生的语言魅力和精神风貌，桂雅路小学 2017 级 3 班特开展"配音秀秀秀"阅读活动。

二、活动目的

通过演绎美丽善良的公主，装扮阴狠邪恶的巫婆；吟诵豪放跌宕的诗词，朗读婉约含蓄的歌赋；俯瞰美丽中国的大好山河，欣赏动物世界的意趣神奇；致敬抗疫一线的医护人员，鼓励按下暂停键的英雄城市武汉……随着作品一起悲伤、欢笑、激动、哭泣、叹息、感动，沉淀着岁月，雕刻着时光。因为正值鼠年寒假，新型冠状肺炎病毒在武汉暴发，通过这项寓教于乐的活动，把学生牢牢地"拴"在家里，父母都在身边伴学，很好地达到阻断疫情传播的效果。同时，孩子们对语言表达中的语音、语调、节奏有更好的把握，能够自如地控制自己的声音及提高普通话的水平，体验各种不同人物的声音和情感，提升作品的阅读理解力。

三、活动主题

"配音秀秀秀"2017 级 3 班三年级主题阅读活动

四、活动时间

2020 年 1 月—4 月

五、活动地点

家里（利用配音秀 APP 手机软件）

六、活动参加对象

2017 级 3 班教师和学生

七、活动流程

（一）第一阶段：准备工作

请按照以下步骤完成前期工作，限 1 月 10、11、12 日（周五—周日）完成。

第一步：手机下载"配音秀"APP。（手机一定要配耳麦，录制时需听配乐）

第二步：扫码加入"寒假朗诵"微信群。（记得设置"置顶聊天"，方便每天打卡）

（二）第二阶段：开展活动

1. 活动时间：每天晚上 8:00 开始

2. 活动内容：诵唐诗、读宋词、赏元曲，给中央电视台的经典栏目《美丽中国》《航拍中国》《中国的茶》《动物世界》等旁白配音，还给热门的影视剧动画片《哪吒》《小猪佩奇》的角色配音，同时，为了让学生更多地了解当下疫情，敬佩赞扬冲锋陷阵的医护人员，还适时地安排了《致敬　白衣战士》这样题材的配音。

3. 活动流程

（1）宗老师发配音内容、诗歌赏析或作品简介，配音作品示范

（2）学生学习作品内容，听配音示范

（3）学生进行配音练习，将自己的配音发到群里

（4）教师点评反馈每一位学生的配音情况

（5）学生可重新再配音

（6）学生互相倾听及点评

（三）第三阶段：总结展示

1. 分类制作视频

将学生的配音作品分成动画片、旁白配音和诗词三大类，制作成视频。

2. 推送"配音秀秀秀"微信宣传

3. 学生参与小博士报"抗疫科普短视频展播"

南宁市桂雅路小学 2017 级 3 班

2020 年 1 月

南宁市桂雅路小学 2017 级 3 班
"亲子经典诵读"
四年级阅读活动比赛方案

一、指导思想

国学经典是中华民族的传统文化，蕴含着民族精神和民族情感，承载着中华民族的思想精华。为传承和弘扬中华传统文化，从中华传统文化里汲取精华，吸取智慧，让学生和家长学习了解中华优秀经典传统诗文，提高学生的语言表达能力，营造运用普通话的浓厚文化氛围，同时还有效利用家长教育资源，增进亲子关系，活跃校园文化生活，让学生在诵读过程中获得古诗文经典的基本熏陶和修养，潜移默化地提高文化和道德素质，增强民族自信心和自豪感。桂雅路小学 2017 级 3 班特开展以"诵读中华经典 营造书香班级"为主题的经典诵读比赛。

二、活动目的

为传承民族优秀文化，激发学生对经典名篇的学习热情，进一步提高普通话的水平，增进亲子之间的学习交流，我们将开展"亲近经典 快乐诵读"第六届亲子经典诵读比赛。

三、活动主题

"亲近经典 快乐诵读"2017 级 3 班第六届亲子经典诵读比赛

四、活动时间

2020 年 8 月 29 日上午 8：30

五、活动地点

南宁市桂雅路小学二楼多媒体教室

六、活动参加对象

2017 级 3 班教师、全体家长和学生

七、活动流程

（一）第一阶段：制定比赛方案、要求、规则、标准

亲子经典诵读比赛活动方案应包含以下几个方面的内容：活动时间安排、诵读库、评分标准、活动对象的确定、亲子诵读评分表的编写。

1. 具体比赛要求

（1）15 首诵读的古诗，其中 12 首是必读篇目，另外 3 首是选读篇目，必读篇目必须每一首都能背下来，选读篇目如能诵读则获得加分

（2）由于是亲子经典诵读比赛，因此，家长和孩子需共同参与，意味着家长也必须会背，平时要和孩子一起练习

（3）家长和孩子诵读形式可多样，可轮流诵读，可以齐诵，或根据每首诗的文字内容创新

（4）诵读时字音正确、语音标准，语句流利、富有感情、有适当动作

2. 比赛规则

（1）按照之前抽签的顺序上场

（2）比赛分两轮，第一轮孩子和家长从 15 首古诗中自行挑选一首进行诵读展示（70 分）

（3）待第一轮比赛全部结束后，第二轮比赛是老师当场从必读篇目中任意抽取两首，选读篇目任意抽取一首，学生当场背诵（30 分）

（4）两轮分数相加为最终总成绩

3. 诵读比赛的加分项目

（1）父母两人都参与者，加分

（2）服装整齐统一，穿古装、民国装等加分

（3）诵读时有感情，动作自然大方、造型符合诗词意境等加分

（4）能诵读选读的篇目，加分

（二）第二阶段：宣传动员

1. 向家长宣传：班级将开展"亲近经典　快乐诵读"2017 级 3 班第六届亲子经典诵读比赛，并简要说明此项活动的目的。

2. 班级召开家校联谊活动，讲明家校携手，开展"亲子经典诵读比赛"的重大意义，号召家长和孩子一起参加。并倡议家长和孩子一起训练，增进亲子关系，同时亲子共同传递优秀中华传统经典。

（三）第三阶段：确立当日活动安排

1. 确定可参加比赛的家庭名单。

2. 确定的家庭进行抽签决定上场的次序（教师做好统计）。

3. 评选小主持人（男生、女生各一名）。

4. 撰写主持人主持稿（教师）。

5. 活动当日的流程安排。
（1）主持人开场
（2）教师致辞
（3）家庭诵读展示
（4）学生个人诵读
（5）教师合计评分
（6）颁发奖状和奖品
（7）教师总结
（8）合影留念

（四）第四阶段：成果汇报

1. 家庭诵读展示、学生个人诵读展示总分一、二等奖（一等奖占50%、二等奖占50%）。

2. 最佳普通话奖2人。

3. 最佳舞台展现奖2人。

4. 最佳表现奖2人。

5. 最佳创意奖2人。

八、活动分工及安排

1. 教师负责制定比赛方案、规则、标准。

2. 教师负责打印评分表、比赛奖状、设计PPT背景板。

3. 教师负责撰写比赛主持稿、训练小主持人、购买主持人手持牌。

4. 教师负责制作诵读比赛选读篇目和必读篇目的抽签箱、横额（2条）。

5. 教师负责购买奖品日记本、印制获奖贴纸。

6. 教师负责必读篇目、选读篇目、古诗印制。

7. 教师负责音响充电并拿到多媒体教室。

8. 家委会负责打印学号和名字并贴在座位上，如：1号 某某某家庭。

9. 教师负责将获奖贴粘贴在日记本扉页上。

10. 教师负责填写获奖名单、奖状和奖品。

11. 教师组织抽签并记录。

12. 家委会负责维持纪律，记录员。

13. 家委会负责管理主持人。

14. 家委会负责催场。

15. 家委会负责摄影、摄像。

16. 家委会负责会场桌椅摆放、布置。

17. 家委会购买矿泉水。

南宁市桂雅路小学 2017 级 3 班

2020 年 8 月

附：15 首诵读篇目

必背：

相见欢

南唐·李煜（yù）

无言独上西楼，月如钩。
寂寞梧桐深院锁清秋。

剪不断，理还乱，是离愁。
别是一般滋味在心头。

登高

唐·杜甫

风急天高猿啸哀，渚（zhǔ）清沙白鸟飞回。
无边落木萧萧下，不尽长江滚滚来。
万里悲秋常作客，百年多病独登台。
艰难苦恨繁霜鬓（bìn），潦倒新停浊酒杯。

除夜

宋·文天祥

乾坤空落落，岁月去堂堂；
末路惊风雨，穷边饱雪霜。
命随年欲尽，身与世俱忘；
无复屠苏梦，挑灯夜未央。

浣溪沙

宋·晏殊（yàn）

一曲新词酒一杯，
去年天气旧亭台。
夕阳西下几时回。

无可奈何花落去，
似曾相识燕归来。
小园香径独徘徊。

登金陵凤凰台

唐·李白

凤凰台上凤凰游，凤去台空江自流。

吴宫花草埋幽径，晋代衣冠成古丘。

三山半落青天外，二水中分白鹭洲。

总为浮云能蔽日，长安不见使人愁。

迢迢牵牛星

（《古诗十九首》）

迢迢牵牛星，皎皎河汉女。

纤纤擢素手，札札弄机杼。

终日不成章，泣涕零如雨。

河汉清且浅，相去复几许？

盈盈一水间，脉脉不得语。

如梦令

宋·李清照

昨夜雨疏风骤，浓睡不消残酒，

试问卷帘人，却道海棠依旧。

知否，知否，应是绿肥红瘦。

武陵春

宋·李清照

风住尘香花已尽，日晚倦梳头。

物是人非事事休，欲语泪先流。

闻说双溪春尚好，也拟泛轻舟。

只恐双溪舴艋舟，载不动许多愁。

生查子·元夕
_{zhā}

宋·欧阳修

去年元夜时，花市灯如昼，

月上柳梢头，人约黄昏后。

今年元夜时，月与灯依旧，

不见去年人，泪湿春衫袖。

如梦令

宋·李清照

常记溪亭日暮，沉醉不知归路。

兴尽晚回舟，误入藕花深处。

争渡，争渡，惊起一滩鸥鹭。

点绛唇

宋·李清照

寂寞深闺，柔肠一寸愁千缕。

惜春春去，几点催花雨。

倚遍阑干，只是无情绪！

人何处？连天衰草，望断归来路。

西江月·夜行黄沙道中

宋·辛弃疾

明月别枝惊鹊，清风半夜鸣蝉。

稻花香里说丰年，听取蛙声一片。

七八个星天外，两三点雨山前。

旧时茅店社林边，路转溪桥忽见。

选背：

将进酒
^{qiāng}

唐·李白

君不见黄河之水天上来，奔流到海不复回。

君不见高堂明镜悲白发，朝如青丝暮成雪。
^{zhāo}

人生得意须尽欢，莫使金樽空对月。
^{zūn}

天生我材必有用，千金散尽还复来。
^{sàn}

烹羊宰牛且为乐，会须一饮三百杯。

岑夫子，丹丘生，将进酒，杯莫停。
^{cén}

与君歌一曲，请君为我倾耳听。

钟鼓馔玉不足贵，但愿长醉不复醒。
^{zhuàn}

古来圣贤皆寂寞，惟有饮者留其名。

陈王昔时宴平乐，斗酒十千恣欢谑。
^{nüè}

主人何为言少钱，径须酤取对君酌。
^{gū} ^{zhuó}

五花马，千金裘，呼儿将出换美酒，
^{qiú}

与尔同销万古愁。

宣州谢脁楼饯别校书叔云

唐·李白

弃我去者，昨日之日不可留。

乱我心者，今日之日多烦忧。

长风万里送秋雁，对此可以酣高楼。
^{hān}

蓬莱文章建安骨，中间小谢又清发。

俱怀逸兴壮思飞，欲上青天揽明月。

抽刀断水水更流，举杯销愁愁更愁。

人生在世不称意，明朝散发弄扁舟。
^{zhāosàn}

满江红

宋·岳飞

怒发冲冠、凭栏处，潇潇雨歇。

抬望眼，仰天长啸，壮怀激烈。

三十功名尘与土，八千里路云和月。

莫等闲，白了少年头，空悲切。

靖康耻，犹未雪；臣子恨，何时灭！

驾长车踏破贺兰山缺。

壮志饥餐胡虏肉，笑谈渴饮匈奴血。

待从头，收拾旧山河，朝天阙。

亲近经典　快乐诵读
——2017级3班第六届
亲子经典诵读比赛主持稿

2020年8月28日

主持人：王素涵　林熙尧

【开场白】（开场需要背下来）

女：尊敬的各位家长、老师

男：亲爱的同学们

合：大家上午好！

女：中华文化源远流长

男：中华诗文浩浩荡荡

女：我们在这汉字织就的锦绣中穿行

男：我们在这声韵回程的河川里徜徉

女：这里有浪漫洒脱的李白

男：这里有忧国忧民的杜甫

女：这里有江南的钟灵毓秀

男：这里有塞北的广袤苍凉

女：这里有牧童村娃的天真烂漫

男：这里有悯农诗人的谆谆教诲

女：上下五千年，纵横九万里

男：巍巍大中华，浩浩民族风

女：今天，即将展示同学们激情澎湃的风采

男：今天，让我们共同领略诗词的魅力，畅游诗词的海洋

女：下面我宣布，南宁市桂雅路小学"亲近经典 快乐诵读"2017级3班第六届亲子经典诵读比赛——

合：现在开始！

【介绍评委和比赛规则】

（中间划线部分可以照着念，需很熟悉，读得很流畅，也可以背下来）

女：下面介绍本次比赛的评委，以及比赛的规则。

男：本次比赛的评委是，我们尊敬的语文宗老师、英语甘老师、数学梁老师、音乐李老师、语文覃老师。下面请素涵为我们介绍比赛规则。

女：好的，下面由我简单地介绍一下比赛规则。

1. 本次比赛选手的出场顺序以老师安排的表格上的顺序为准。

2. 本次比赛的诵读分为两个环节，第一环节是家庭诵读展示，每组家庭从古诗篇目中任选一首，按照抽签顺序进行表演展示，这部分占分70分。待第一环节全部结束后，将进行第二环节，这个环节是学生上台后，老师从必读篇目任意抽取一首，选读篇目任意抽取一首，当场背诵，这部分占分30分。

3. 诵读时要求普通话标准，声音洪亮；吐字清晰，语速适当，语调抑扬顿挫；神态自然大方，精神饱满，动作自然；内涵与表情相结合，以情感人，以形传神，感染力强；服装整齐大方，诵读形式新颖多样。

4. 即将上场的家庭，请提前1个节目安静地到教室外准备，比赛完毕的家庭，尽量不要换装，因为等会儿我们要合影留念，所以，下场后请迅速轻声慢步回到座位；请台下的各位观众静静地观看，节目结束后给予参赛者热烈的掌声，不要有任何语言和行为干扰正在比赛的选手，如有严重违反者将从比赛分数中相应扣除。希望大家做一个文明的选手和观众。

男：请各位选手做好准备，希望选手们赛出风格，赛出水平，在此，预祝大家取得好成绩。

女：尊敬的各位评委老师，家长、亲爱的同学们，南宁市桂雅路小学"亲近经典 快乐诵读"2017级3班第六届亲子经典诵读比赛——

合：正式开始！

【叫号】

男｜女：

1. 首先，进行第一个环节，家庭诵读展示。有请今天参赛的第一个家庭（　　）上台比赛，大家掌声欢迎！请2号参赛家庭（　　）做好准备。

2. 下面请2号参赛家庭（　　）上场比赛，大家掌声欢迎！请3号参赛家庭（　　）做好准备。

3. 下面，进行第二个环节，学生个人抽签诵读。仍然按照刚才的出场顺序，有请1号选手（　　）上场，大家掌声欢迎！请2号选手（　　）做好准备。

4. 下面请2号选手（　　）上场比赛，大家掌声欢迎！请3号选手（　　）做好准备。

【休息串词】

女：尊敬的各位家长，亲爱的同学们，比赛进行到现在，两轮比赛都已经完毕。现在，我们的评委老师正在进行紧张的分数统计，下面我们休息10分钟，10分钟之后，我们将现场举行颁奖仪式。请大家活动活动，稍作休息，不要走远。

男：经过评委老师的认真统计分数，终于有了最后的结果，下面我们请宗老师宣布亲子诵读比赛的最终结果。

【结束语】（结束部分需背下来）

女：诵读中华经典，会让我们成为一个博学多才的人

男：诵读中华经典，会让我们成为一个知书达理的人

女：诵读中华经典，会让我们成为一个洞察世事的人

男：诵读中华经典，会让我们成为一个品格高尚的人

女：今天我们相聚在这里，歌颂中华，传承千古文明

男：今天我们相聚在这里，赞美中华，享受诗意人生

女：热爱朗诵吧，它能够让你感受豪迈的激情，深邃的思想

男：热爱朗诵吧，它能够让你领略博大的胸襟，伟大的情怀

女：南宁市桂雅路小学"亲近经典 快乐诵读"2017 级 3 班第六届亲子经典诵读比赛——

合：到此结束！

男：感谢各位评委老师的辛勤付出，感谢每个参赛家庭的全程参与！

女：最后让我们再次把热烈的掌声送给各个参赛家庭，谢谢家长和同学们的大力支持！

合：我们下个学期开学再见！（挥手）

南宁市桂雅路小学 2017 级 3 班 "走进名著"四年级项目式 主题阅读活动方案

一、指导思想

"如果有天堂，那里一定是图书馆的模样。"知识是人类进步的阶梯，阅读书籍是获取知识、开阔眼界、了解人生、明白事理最重要的方式和最好的途径。最是书香能致远，恰逢第 25 个"世界读书日"，师生共同读经典、闻书香、手不释卷读好书，在书山里探宝，在学海中拾贝，以书为伴，用书香浸润心田，从有益的课外书籍中得到精神的愉悦，并且把优秀的书籍推荐给大家，一起分享，一起成长，让阅读成为终身的习惯，争做一个品德高尚的人。桂雅路小学 2017 级 3 班特开展"走进名著"主题阅读活动。

二、活动目的

开展"走进名著"阅读活动，使学生了解章回体小说的序、跋和章回，了解主要内容，感受精彩情节故事，把握主要人物的性格特点，积累好词好句。让学生与文学大师对话，体会神魔小说想象的神奇，作品人物中的真、善、美，从中攫取人类的智慧和智者的箴言，扩大积累，激发热爱名著的兴趣，提高文学修养，弘扬民族传统文化。

三、活动主题

中国古典四大名著之《西游记》

四、活动时间

2020 年 7 月—8 月

五、活动地点

家里（利用网络和自编配套练习）

六、活动参与对象

2017 级 3 班全体学生

七、活动流程

（一）第一阶段：网络直播阅读导入课

1. 读封面、封底、书名、作者、朝代、主编、翻译、出版社。

2. 了解序、跋、章回。

3. 比较原著、青少版和少儿版三个不同版本的回目的撰写。

4. 填写"回目阅读卡"。

5. 观看电视版《西游记》第一集。

6. 阅读书籍《西游记》第一回。

7. 指导写自编的配套练习"章节阅读卡"第一回。

8. 教学概括主要内容的 5 种方法。

9. 教学阅读书籍时如何做批注。

（二）第二阶段：线上线下每天完成"章节阅读卡"

1. 学生每天填写阅读卡（第一至三十八回）。

2. 学生上传，教师线上批改。

3. 教师反馈情况，学生修改练习。

（三）第三阶段：开展项目式活动

1. 用思维导图方式进行经典人物形象分析。

2. 画出书中所出现的兵器，按照杀伤力排行。

3．写一篇《西游记》读后感。

4．观看电视剧《西游记》，写一篇观影记。

5．开展一次《西游记》知识大闯关活动。

6．手绘唐僧师徒四人取经路线图。

7．梳理取经路线图及人物关系图。

（四）第四阶段：评比展示

1．按照项目内容在教室里分区域进行展示。

2．学生观摩学习。

3．根据阅读项目完成情况，评出一、二等奖，发奖状。

南宁市桂雅路小学 2017 级 3 班

2020 年 7 月

发表论文

试论小学语文课堂教学中
批判性思维的培养

南宁市桂雅路小学　宗菲菲

【摘要】小学语文课堂教学要在文本阅读中激发学生多角度、多层次分析和探究问题，在课堂教学中增强学生的质疑能力、强化合作探究学习、科学整合文本信息、规范评价指标体系，促进学生核心素养的全面提升。

【关键词】课堂教学　批判性思维　培养策略

【中图分类号】G623.2　　【文献标识码】A

【文章编号】1002-3275（2020）02-17-02

在提升小学生核心素养的过程中，批判性思维日益得到有效重视，被逐步渗透到教育教学中，特别是在小学语文课堂教学中，教师要激发学生的学习兴趣，强化培养学生批判性思维能力，在"文道统一"中树立学生科学、正确、客观、全面的批判理念，在反思和质疑中培养和架构学生的创新精神。

一、增强质疑能力，培养学生的批判性思维

"尽信书不如无书。"在小学语文课堂教学中，教师首先要树立和培养学生的质疑精神，通过不断学习和练习来增强学生的质疑能力，在质疑能力的提升中逐步培养学生的批判性思维能力。"学而不思则罔，思而不学则殆"，小学语文课堂教学中批判性思维能力的培养和架构需要立足于文本教学，引导学生在"学"与"思"的过程中进行探究和质疑，而且这种质疑不是为了单纯的"噱头"而随意提出问题，问题的提出要有依据、有条理，对于问题的架构要有明确的认知，不能"想当然"地胡思乱想，批判性思维的引出要有章可循、有迹可查。

例如，在教学《桂花雨》的过程中，对文本结尾部分母亲说的"这里的桂花再香，也比不上家乡院子里的桂花"这句话的理解，教师可引导学生以质疑、解疑和释疑的精神去自主解

决问题。有的学生提出，他不赞同文中母亲的话，这句话表露出母亲的目光狭隘，她常年生活在农村里，不了解外面世界的精彩，这是孤陋寡闻的说法。对于这种"独辟蹊径"的看法，我指导学生进行集中讨论，分析对这句话的看法。在学生的质疑声中，我结合文本内容进行分析：母亲说这句话的时候，全家已经搬到了杭州，并不是在农村，视野的开阔并没有让母亲慨叹农村天地的狭小，反而产生了对家乡更深的思念和眷恋，正如人们常说的"山是家乡青，月是故乡明"。从"桂花再香"这句话中深入体会一个"再"字的奥妙，分析与后面的"比不上"是否冲突，语义是否自相矛盾。学生从品词析句中进行批判性思考，体会看似矛盾的表达中爆发出的母亲强烈的思乡、恋乡的情结。有的学生还试着将题目换为"难忘乡情"，在批判中与"桂花雨"的题目进行了对比，发现"桂花雨"更加形象逼真、生动有趣，童年的回忆中往往一件事就能迸发出浓郁的乡情。在因势利导中，学生学会从文中的词语、句子、开头、结尾段落或者题目等方面入手，实现质疑能力的锻炼，培养批判性思维，从批判性学习中体会作者写作的技巧，学生的质疑能力得到了有效提升。

二、强化合作探究学习，培养学生的批判性思维

"故书不厌百回读，熟读深思子自知。"在小学语文课堂学习中要实现"熟读深思"，需要在学生个体学习的基础上强化合作探究学习，在合作探究中及时取长补短，及时纠正方向，正确思考，为批判性思维的科学培养提供有效保障。为此，在小学语文课堂教学中，我重视对批判性思维的分组训练，将文本中的问题分为几个方面，由学生进行分组思考，然后将学生合作探究的结果以小组的形式进行总结和呈现，这个教学方式既保障了文本学习目标的完成，又节约了课堂学习的时间，提升了教学效果。教师在小组合作探究学习的过程中，对学生的问题进行适时指导，听取学生的意见，实现对批判性思维能力的深入培养，为合作探究学习明确了目标。

例如，在教学陆游的《示儿）、林升的《题临安邸》和龚自珍的《己亥杂诗》过程中，我将学生分成三组，在合作探究学习过程中，我注意巡回指导，听取学生在问题探究过程中的不同见解，对于其中存在的问题进行了有效指导，帮助学生明确学习方向。有的学生在学习中偏离了诗人的思想方向，提出：既然"死去元知万事空"，那么"活在当下"就好了，为何还要"家祭无忘告乃翁"，这不是前后自相矛盾吗？还有的学生指出，既然"活在当下"，那么"直把杭州作汴州"，就是一种"及时行乐，莫负年华"的表现了，也是可以理解的。还有的学生提出"我愿天公重抖擞"，诗人管好自己就可以了，何必在乎是否能"不拘一格降人才"。这些批判性思维在道德方向上发生了严重的偏移，没有正确理解这些诗的内涵。通过合作探究学习，学生正确地理解了诗人所要表达的思想，在批评和自我批评中及时改正错误，立足于"文以载道"的思想和内涵，升华了学生的家国情怀。

三、提高科学整合文本信息，培养学生的批判性思维

"横看成岭侧成峰，远近高低各不同"，学生对于文本学习的批判性思维因为视角的不同存在一定的差异，教师在教学中，要注意培养学生学会科学整合文本信息，在全面思考的基础上强化批判性思维的锻炼和提升。要注意强化思想导向，从某个视角片面思考问题会直接导致思维的偏颇，会在道德领域造成认知观和价值观的不科学。为此，通过科学整合文本信息，便于学生全面梳理问题，有利于学生辩证思考问题和解决问题，这对于强化批判性思维和提升思维水平具有重要的基础作用。

例如，在教学梁启超的《少年中国说》时，有的学生根据文本中的第一段，直接提出问题，觉得题目应该改为"中国少年说"。诚然第一自然段是讴歌少年的功绩并提出作者的希望，指出少年和中国的关系，少年是国家的基础、是国家的栋梁、是国家的希望，但是这种批判性思维缺少对文本内容的科学整合，这是"断章取义"的思考方式。通过指导学生通读课文，让学生摒除以个人为中心的问题思考方式，并让学生明确"有国才有家"，文中更多表达的是对国家未来的希望和由衷的赞美，而少年是国家的未来，民族的希望，少年应担起民族复兴、振兴中华的重任，让国家更富强、繁荣、昌盛。只有建构在文本信息的、科学整合和全面分析基础上的批判性思维才是正确的有效的，为此要注意提醒学生切不可犯"以偏概全"的错误，要有"会当凌绝顶"的高度，才能"一览众山小"。

四、规范评价指标体系，培养学生的批判性思维

语文课程标准提出要强化培养学生的好奇心和求知欲，要发展学生的思维，开发创造潜能，提升学生发现问题、分析问题和解决问题的能力。强化评价指标体系的规范化、科学化建设，通过科学有效地评价学生批判性思维的学习成果，让学生在获得成功的同时也清晰地明确自身存在的问题和不足，培养学生的批判性思维。

例如，在教学《慈母情深》的过程中，对其中"母亲数落了我一顿"后又"凑钱给我买书"的情节，有的学生提出，母亲数落完还是给"我"买了书，生活中的任何事都是如此，母亲会迁就孩子、原谅孩子的。对于学生这种顺理成章的观点，我及时予以纠正。侧重于让学生学会理解、学会感恩，不能一味自私自利，要理解生活的不易，感恩父母的养育之情，故事中母亲的话寥寥数语，但是就在当时那样艰难的生活中，母亲仍支持"我"读书学习，并倾其所有为"我"买书，在"慈母情深"中，文章更多流露和表达的是"我"对母亲的感恩之情。规范批判性思维的评价指标体系，需要让学生明确学习中情感的陶冶、思想意识的提升、认识观念的科学定位，特别是在文化传承和文学创新方面的进步，这些才是批判性思维成果衡量的重要方面。

总之，在当前小学语文课堂教学中，批判性思维的培养需要立足于道德理念的科学定位，要结合文本全面、正确、科学地提出质疑、探疑和解疑，在合作探究中获得充分而深刻的批判

性思维学习效果，在文本阅读中激发学生多角度、多层次地分析和探究问题，在课堂教学中通过增强学生的质疑能力、强化合作探究学习、科学整合文本信息、规范评价指标体系，促进学生核心素养的全面提升。

此论文《试论小学语文课堂教学中批判性思维的培养》发表于《基础教育研究》杂志2020年1月刊第02期（国内刊号：CN45-1094/G4 国际刊号：ISSN1002-3275）"教改研究"17-18页

小学语文阅读教学中批判性思维的培养

南宁市桂雅路小学　　宗菲菲

【摘要】本文论述培养小学生批判性思维的方法，提出创设问题情境，树立批判性思维意识；引发独立思考，指导批判性思维方法；强化合作探究，深化批判性思维能力；实现科学评价，推进批判性思维发展的教学建议，从而让学生的批判性思维得到发展。

【关键词】小学语文　阅读教学　批判性思维　培养

【中图分类号】G　　【文献标识码】A

【文章编号】0450-9889（2020）02A-0059-02

随着社会的飞速发展，在科技创新和文化创新发展的形势下，小学语文教学也需要创新发展。对于阅读教学而言，教学的创新就是培养学生的创新意识和创新能力。而创新能力的发展依赖于批判性思维的培养和锻炼。在倡导培养学生核心素养的今天，小学语文教师不能拘泥于过去讲授式的对基础知识的固化讲解中，而应培养学生的观察力、思维力、想象力和创新力；要以发展的眼光从事教育，以创客教育的理念构建阅读教学课堂，以翻转课堂的模式强化学生主体地位的落实。

一、创设问题情境，树立批判性思维意识

在小学语文阅读教学中，要培养学生的批判性思维意识，首先要引导学生学会辩证地看待问题，要敢于质疑，勇于挑战和探究。同时，也要让学生明确质疑并不是一味地否定课本内容，而是要以批判的精神去学习、探索和发现。鲁迅先生在《拿来主义》中曾说过："总之，我们要拿来，或使用、或存放、或毁灭。"对于小学语文阅读来说，也要有一种批判的精神，要明白"尽信书不如无书"，要在学习中批判，在批判中学习。语文课程标准也明确提出，语文要充分激发学生的问题意识和进取精神。可见，批判性思维的培养应该以"质疑为基础，问题为纽带"。

表现在具体的阅读教学中,教师要积极创设问题情境,树立批判性思维意识,引领学生在"质疑—探疑—解疑"的过程中强化对阅读内容的学习和理解,进而将相应知识内化为自身的文化底蕴。

例如,在教学部编版语文五年级下册《杨氏之子》时,通过结合课下注解,学生对于文章的主要内容有了初步的认知和理解;通过情境再现的方式,学生深刻体会到文中杨氏之子的形象和孔君平的形象。接着,笔者适时地引导学生对文章的内容进行质疑,通过提出与文本内容相关的问题,深入理解文章的思想和内涵。很快,有的学生从标点的变换中提出自己的不同看法:"此是君家果?"从"杨梅"和"杨氏之子"的关系上提出问题,这个问题的提出旨在考查杨氏之子的反应能力和智慧。接着,教师根据学生提出的问题引导大家思考,如果自己作为"杨氏之子"该如何回答这个问题,从而培养学生的批判性思维,引导学生总结出杨氏之子也可以同样以反问的语气回答:"何谓孔雀是夫子家禽?"一问一答,同样是疑问的方式,后者则更多的是反问的意味。这样探究是立足于问题情境中,从文中关键性的语句分析,从不同的角度提出质疑。

二、引发独立思考,指导批判性思维方法

孔子云:"吾日三省吾身。"阅读学习亦是如此,学生只有学会经常思考,明确"学而不思则罔,思而不学则殆"的思与学的科学整合原则,在学习中通过独立思考,在去粗取精、去伪存真、由小见大、由表及里、循序渐进的深入学习中逐步拓宽思维的深度、广度和灵敏度,才能在科学有效的思维方法中深化对于问题的理解和认知,进而强化文本阅读的学习和体会。在指导学生阅读学习的过程中,教师要以"故书不厌百回读,熟读精思子自知"的教育理念,引导学生独立思考,进而培养学生善于独立思考的习惯。当然,在学生思考的过程中,教师还要教给学生正确的批判方法,即找准问题质疑点,明确学习的方向,不要过于偏执,更不可钻牛角尖;要让学生克服"久在幽兰之室而不闻其香"的惰性心理,鼓励学生善于思考,善于反思,在反思中总结,在思考中创新,在创新中进步和发展。

例如,在教学《再见了,亲人》一文时,文中写了"亲人"大娘、小金花、大嫂这些人为志愿军做出的奉献。在学生熟读文章内容的基础上,笔者根据课后习题帮助学生加深对志愿军和朝鲜人民之间深厚感情的认知和体会。然后,让学生结合文章中的关键性字词,说出自己对问题的看法。这样,学生经过独立思考,纷纷发表看法。有的学生从"再见了"这个词语中,结合文中运用的"再见了"的语句,分别体会其中表达作者情感的句子,以及作者这样安排的用意;有的学生从"亲人"的角度分析文中为什么只提了这三个亲人,这样选择事例的意图是什么;有的学生从"朝鲜人民"的角度分析,如果这篇课文是朝鲜人民写的,他们会怎样布局谋篇;有的学生从最后一句话分析,如果没有"我们的心永远跟你们在一起"这句话,而是直接以"再见了,亲人"结尾,表达效果有什么不同。在整个阅读教学过程中,学生能够在借鉴课后习题的基础上,结合教师的引导能够展开独立思考,实现了批判性思维的发展。

三、强化合作探究，深化批判性思维能力

在落实和发展生本教学理念的过程中，在以生为本的学习基础上，既要强化生生之间的合作探究，还要注意师生之间的有效互动，通过构建轻松、愉悦的学习氛围，在平等、和谐的学习情境中实现师生之间的有效交流和互动。和谐的师生、生生关系，有助于合作探究活动的深入。因此，教师要强化合作探究，在生生探究的基础上，通过师生互动实现"教学相长"的目标。理查德·莱文曾说过："如果一个学生从耶鲁大学毕业后，居然拥有了某种很专业的知识和技能，这就是耶鲁教育最大的失败。"齐白石老先生曾说过："学我者生，似我者死。"直接接受的学习无异于"蜻蜓点水""浅尝辄止"，这样的态度是学不到精髓，学不到真知的。学习应该有一种独树一帜、勇于创新、敢于批判的精神，在批判中学习的阅读才是真正挖掘其深刻内涵的过程。而开展合作探究模式，既要最大化地挖掘学生批判性思维能力，又可以有效整合学生的创新思维，让学生在合作中发展创新。

例如，在教学《桥》一文时，笔者要求学生不能将阅读目标仅停留在对于文本内容的学习和理解的层面上，而应该有自己的见解和主张。特别是对于文中的艺术构思和表达特色，要学习借鉴文章的表达技巧，思考这样布局的好处和效果。在合作探究学习中，学生提出了不同的问题，然后每个小组针对其中提出的有建设性的、有深度的、有意义的问题进行深入探究，并及时跟教师交流意见和看法。在生生合作探究和师生互动中，学生对于阅读内容的学习和理解更加全面，也更加深入。对于文章布局的思考，学生通过对比、探究发现，文中的表达效果更有深意，更能在吸引读者注意的基础上，在跌宕起伏的故事情节中，最后以一个落幕式的情境让读者在感动之余震撼于老汉一家的付出，其中"桥"的文题更是别具匠心，既是生活之桥，也是生命之桥。在层层递进、步步深入的剖析和理解中，学生的批判性思维让文章的艺术魅力再次呈现出来。

四、实现科学评价，推进批判性思维发展

让学生爱上阅读、爱上学习，这是阅读教学的终极目标。小学语文阅读教学的结果在评价过程中不能拘泥于答案进行品评，而应照顾到学生的个性差异和个人发展情况，及时肯定学生发展中的努力和取得的进步，在"教无定法"的过程中强化"有教无类"的教学态度。"一千个读者眼中，就有一千个哈姆雷特"，每名学生对于阅读内容的品评结果存在着差异性，教师在评价过程中切不可随意定论，不能以偏概全，要学会认真倾听，认真思考，及时捕捉学生阅读过程中的个性思维和思想创新，并及时给予肯定和表扬。在鼓励的力量驱使下，学生会更加喜欢阅读，对阅读充满积极性和好奇心，甚至充满了创新的欲望和探究的渴望。

例如，在教学《将相和》一文时，在对文本内容有了初步的认知和了解后，大多数学生把关注点放在蔺相如身上，很少有学生关注廉颇和赵王、秦王。在课后练习题中有这么一个内容：

结合课文内容，说说你喜欢哪个人物，为什么。对于这个问题的品析和教学评价，笔者在肯定学生能够把握主要人物、体会文章的思想感情的基础上，积极引导学生对于次要人物的关注和理解。在引导学生探究次要人物的形象的过程中，让学生品析次要人物的性格在故事发展中的作用，要求学生在分析文章的过程中能够拓宽视野，以批判性思维理解故事安排的设计和作者情感表达的需求，要有自己的见解和主张，要用批判性的思维去寻找问题、发现问题和解决问题，不要人云亦云。这样，学生在批判中学习，在学习中进步。

总之，在阅读教学中小学语文教师要注意培养学生的批判性思维，让学生通过独立思考、合作探究、科学评价等流程树立和强化批判性意识，形成正确、科学、辩证的分析问题和解决问题的态度。

参考文献

［1］潘宜峰 . 小学语文阅读教学中批判性思维的培养［J］. 课程教育研究，2017（07）：92.
［2］施晓岚 . 小学语文阅读教学中学生批判性思维的培养［J］. 考试周刊，2014（01）：47.
［3］陆燕 . 试析小学语文阅读教学中如何培养批判性思维［J］. 内蒙古教育（基教版），2016（10）：39.
［4］唐燕 . 小学语文课堂教学中批判性思维的培养［J］. 写作（下旬），2016（07）：56-60.
［5］朱瑛 . 语文阅读教学培养学生批判性思维能力的实践研究——以小学三年级为例［D］. 杭州：杭州师范大学，2018（05）：15.

此论文《小学语文阅读教学中批判性思维的培养》发表于《广西教育》杂志 2020 年2 月刊（国内刊号：CN45-1090/G4 国际刊号：ISSN0450-9889）"专题研究：阅读教学策略"59-60 页

在小学低年级开展多元化阅读教学的尝试

南宁市桂雅路小学　宗菲菲

【摘要】本文基于小学低年级多元化阅读教学模式的实践，提出多元化解读教材、构建多元化阅读平台、激发学生自主阅读和多元化阅读兴趣的教学建议，从而让学生在深化阅读体验的过程中锻炼学以致用的能力。

【关键词】小学低年级 多元化阅读 教学尝试 阅读兴趣

【中图分类号】G 　【文献标识码】A

【文章编号】0450-9889（2020）45-0028-02

很多学生在语文阅读方面仍存在一定的不足，如没有形成良好的阅读习惯、阅读兴趣不够浓厚、阅读面狭窄等，致使阅读速度和质量受到影响。提高阅读品位，提倡大量阅读，让课外阅读课内化、课外阅读课程化，强调积累与阅读，是新时代语文阅读教学的要求。然而，传统的阅读教学模式已经无法满足现阶段学生的阅读需要，阅读教学实践必须不断深化改革。根据时代的要求和学生阅读的现状，结合不同方式的阅读实践研究，我校课题组教师在所执教的班级开展了多元化阅读教学的研究。

多元化阅读教学主要包括四个方面，即多元化阅读内容、多元化阅读策略、多元化阅读活动和多元化阅读评价。多元化的阅读内容可以扩大学生的阅读量和阅读面，提高学生的阅读品位；多元化的阅读策略可以提高学生的阅读速度、阅读能力和阅读质量；多元化的阅读活动可以促进学生提升阅读兴趣，延伸阅读空间；多元化的阅读评价方法可以全面评价学生的阅读水平，增强学生的阅读信心。

一、立足教材，有效进行多元化解读

小学语文多元化阅读教学应该立足于教材，但是不能拘泥于教材，而应该学习和思考如何实现从"教教材"到"用教材"的转变，让学生立足于教材的某个切入点进行多元化阅读，并在教师的指导和帮助下实现多元化解读。多元化解读要求学生必须积累大量的阅读信息，才能有话可说，实现"我口言我心"。缺乏知识积累，多元化阅读就是"无源之水""无本之木"，为此，在多元化阅读中，教师首先要让学生明确"一切知一点""一点知一切"的阅读原则，在大量阅读、群文阅读的过程中强化多元化阅读的渗透和升华。

（一）博采众长，拓宽阅读视野

"问渠那得清如许，为有源头活水来。"小学语文多元化阅读首先体现在文章数量要求"多"。大量的阅读有助于学生积累词汇量和文化底蕴，如果只是拘泥于教材的阅读，一年365天就只能实现几十篇课文的阅读，其对于学生阅读水平的提升是"杯水车薪"，为此韩兴娥老师在"海量阅读"中探究了课文教学的删繁就简，并及时将节省下来的时间用在课外阅读指导上，从而开拓了阅读多元化的广阔空间。基于此，笔者在教学中尝试开展多元化阅读实践：一是强化多版本教材阅读的有机整合，在利用教材的基础上，通过科学整合多版本教材的文本，在对比中思考不同版本教材对同一篇文章的要求和侧重点的差异，在单元学习中看到不同版本的教材选择篇目的不同和文章题材风格的迥异，从而引导学生在对比中学习、思考，在思考中博采众长，使学生在多元化的对比阅读中汲取精华、锤炼思想。

（二）日积月累，积淀文化素养

在多元化阅读中，笔者还强化对学生进行古诗背诵和儿歌背诵的日积月累。通过多种方式，学生的阅读视野得以拓宽，能从"横看成岭侧成峰，远近高低各不同"的古诗赏析中感悟到古代文化的言简意赅、字斟句酌的文字功底和语言奥妙，从儿歌背诵的多元化学习中实现对成语、俗语、歇后语、谚语、多音字、叠音字的针对性学习。学生在背诵中将这些文化知识内化为自己的知识体系，为今后的语文学习奠定了坚实的基础。

例如,学生在一年级下册完成了《成语儿歌100首》《俗语儿歌100首》《歇后语儿歌100首》《谚语儿歌100首》《三字童谣》五本书的背诵;二年级上册背诵了《多音字儿歌200首》上、下册,《成语接龙》上、下册,以及《叠音词嗨起来》五本;一、二年级背诵的古诗达到120首。古诗和儿歌的背诵直接将多元化阅读升格为学生的知识素养和文字功底,使学生在体会文字的奥妙无穷的同时也拓宽了阅读视野。

二、开展活动,构建多元化阅读平台

苏格拉底提出:"教育不是灌输,而是点燃火焰。"对多元化阅读教学而言,要点燃学生"阅读"的思想火焰,需要构建多元化阅读平台,让学生在形式多样的阅读活动中充分体会阅读的快乐,在多元化阅读中实现"教是为了不教"的目标。

(一)激发兴趣,创建多元化阅读氛围

"兴趣是最好的老师。"要实现多元化阅读平台的构建,必须从根本上激发学生的阅读兴趣,让阅读成为学生自发的一种行为,让阅读成为一种快乐的学习体验。高尔基曾说过:"当劳动是种快乐时,生活是美的。"同样,当阅读是一种快乐时,学习就是美的。

在教学中,笔者通过开展亲子经典诵读比赛和"好书乐分享"活动,将多元化阅读融入家校互动中,让学生在亲子阅读活动中深化对阅读主题和内容的理解,实现多元化阅读,同时与家长的情感更加密切。例如,我校在开学初一改常规的分发新书、检查作业、交代新学期注意事项的工作模式,而是开展了一场别具一格的亲子经典诵读比赛。家长和学生都非常重视这个比赛,个个都穿上了古装。整个表演过程既是亲子阅读互动的过程,又是提高学生的经典诵读兴趣和深化阅读体会的过程。亲子经典诵读比赛摒弃了"死读书、读死书、读书死"的传统阅读方式,强化了阅读的运用,得到了家长和学生的肯定。

"好书乐分享"活动要求学生将自己的阅读收获或推荐理由通过微信、视频等方式推广,达到既锻炼学生的语言表达能力,又让更多的学生接触优秀书籍的目的,最终让学生在阅读的过程中养成好读书、读好书的习惯。"好书乐分享"活动为学生提供了展示自我的舞台,通过阅读分享,学生在多元化阅读中感受到读书的快乐,在浓郁的学习氛围中激发了阅读兴趣。

(二)科学评价,深化多元化阅读体验

思想家、教育家颜元说过:"教子十过,不如奖子一长;教过不改也徒伤情,奖长易功也且全恩。"在多元化阅读活动中,教师要强化赏识教育的有效应用,在活动中要明确科学评价的重要性、及时性和有效性,通过定期开展检测活动,一方面考查和衡量学生近期的阅读情况以及知识的积累情况,另一方面通过家校互动引导家长树立多元化阅读的意识,进而帮助学生形成良好的阅读习惯。教师要善于通过科学评价深化学生的阅读体验,使学生在阅读中获得成就感。

例如，在"家长进课堂"的检测活动中，课题组通过课堂阅读效果的展示和评价，让学生和家长看到成绩和不足，取长补短，不断提升阅读水平。检测方式是把阅读中知识性的内容制作成课件，以小组为单位，有个人回答，也有小组轮流作答，还有小组共答；题型也是多种多样，有看图猜词、诗句填空、造句等。教师通过课件抽查的方式发现学生阅读时出现的问题，从而在阅读教学中改进和解决。检测过程注重评价的过程性、动态性和灵活性。

在构建多元化评价指标体系的过程中，课题组立足于熟读、背诵、认读、理解四个层面，将阅读水平的这四个层次作为横向定位，然后将"阅读量、阅读面、阅读时间、阅读速度、阅读兴趣"整合评价的结果作为纵向定位，二者的交界点就是学生阅读结果的评价数据。例如，在"阅读之星"的评选活动中，学生在教师每学期推荐的50本课外阅读书籍中选择自己喜欢的，通过每天登录阅读系统打卡并完成读书心得体会的撰写，逐渐认识到多元化阅读是一个长期坚持、批判性学习的过程，多元化阅读不是单一地接受知识，而是在思考中阅读，在阅读中思考。"学而不思则罔，思而不学则殆"，多元化阅读评价的目的是让学生学有所得、学有所获，能将文章读"活"、读"透"，深化多元化阅读体验。

三、学以致用，落实多元化阅读实践

"授之以鱼，不如授之以渔。"小学语文教学的目标是培养学生举一反三的能力，让学生学以致用。在阅读教学中，教师要引导学生学会在读中写、写中读，从而使学生把文化知识的阅读输入通过写作的方式输出，内化为自身的文化功底和文化素养。

（一）由读到写，实现写作题材的多元化

洛克指出："阅读不过是给大脑提供知识材料，只有经过思考，这些知识才有可能变为自己的思想。"可见，不经过思考的阅读是没有收获的，而体现思考的最直接体验是写作。为此，在阅读教学中，教师要向学生强调，阅读后要及时把自己思考的东西表达出来，才能强化阅读效果，同时将阅读知识内化为自己的认识。至于学生在阅读之后是通过写读后感、写日记，还是写诗歌的形式表达出来，教师不应该做详细要求，只要学生乐于表达，都应该大力支持和鼓励。例如，有一名学生在学习部编版语文二年级下册《太空生活趣事多》一课后，写了一首小诗："大飞机，飞呀飞。飞过海洋，停在陆地。"该生所写的"飞过海洋"把飞机的飞行路途遥远直接表达出来，而"停在陆地"在表达结构上对仗工整，在表达内容上真实质朴，在表达风格上贴切自然。一个"飞过"，一个"停在"；一个"海洋"，一个"陆地"，把自己对飞机的想象和认识简洁地表达出来，这对二年级学生而言，算是一次成功的写话。

（二）活学活用，实现写作语言的多元化

著名儿童文学作家、上海师范大学教授梅子涵提出："童年短暂，但因为有了优质阅读，孩子们的一生都可能优质。"在多元化阅读中，学生已经积累了多元化的写作语言，如古诗、

歇后语、成语，如果能够正确运用，就能让自己的习作别具一格、焕然一新。例如，每次学生写作文，笔者都提醒学生把自己曾经学过的谚语、成语等融入习作中，以此让学生树立活学活用的意识。在笔者的积极鼓励下，有学生在写日记时不仅运用了很多成语，还用上了谚语：我和妈妈在背谚语的时候，弟弟把玩具都撒在了地板上，弄得家里乱七八槽。弟弟因为粗心大意踩到玩具摔倒了，坐在地上哇哇大哭。妈妈唉声叹气地说："真是"鸡犬不宁'啊！""爸爸却说："娃娃三岁半，翻坛打罐。"我觉得弟弟也挺好玩的。从这篇日记中，教师可以发现学生的文字功底扎实，能活学活用成语和谚语。

"书籍是昨天的故事和明天的秘密。"多元化阅读让学生在学习中沉淀了"昨天的故事"，相信经过思考和创新必将蜕变为"明天的秘密"，在学习中实现"阅读与智慧齐飞，传承共发展一色"。

参考文献

［1］姚吉亭 . 如何开展海量阅读［J］. 中国教师，2018（10）：96-97.

［2］李颖 . 小学语文教学中海量阅读与阅读素养的提升［J］. 课程教育研究，2017（09）：102-103.

［3］贺勇芬，贺小兰 . 一路书香伴成长——浅谈推进小学生海量阅读几点做法［J］. 基础教育论坛，2017（05）:13-15.

此论文《在小学低年级开展多元化阅读教学的尝试》发表于《广西教育》杂志 2020年 12 月刊（国内刊号：CN45-1090/G4 国际刊号：ISSN0450-9889）"理论博览"第28-29 页

书海无涯"读"作舟
——试论小学低年级多元化阅读的教学实践

南宁市桂雅路小学　　宗菲菲

【摘要】随着素质教育的深入发展，大语文背景下小学低年级学生开展多元化阅读要立足于学生身心发展的客观规律，在激发兴趣、指导方法、科学评价的过程中实现学生深入阅读、有效阅读。文章从强化阅读内容、阅读策略、阅读活动、阅读评价的多元化分析研究中，在尚自然、展个性中让学生快乐阅读、快乐学习。

【关键词】大语文　小学低年级　多元化阅读

随着素质教育的深入发展，大语文背景下小学低年级学生开展多元化阅读要立足于学生身心发展的客观规律，在激发兴趣、指导方法、科学评价的过程中实现学生深入阅读、有效阅读。

《语文课程标准》中指出："阅读是学生个性化行为，不应以教师的分析来代替学生的阅读实践。应让学生在主动积极的思维和情感活动中，加深理解和体验，有所感悟和思考，受到情感熏陶，获得思想启迪，享受审美乐趣。要珍视学生独特的感受、体验和理解。"为此，小学低年级学生的多元化阅读要在科学引导下强化学生的积极思维和深刻理解、感悟和思考，在多元化阅读、多元化体验、多元化呈现的过程中获得深厚的情感累积和学习乐趣。

一、集思广益，阅读内容多元化

在小学低年级的多元化阅读过程中，对于阅读内容的界定要立足于当前大语文背景下的阅读实践经验，强化各版本教材的有效结合和充分运用，除了部编版教材本身的课内阅读以外，增加其他版本教材的学习，如同年段苏教版、湘教版等教材的学习。同时，在背诵书籍的选择中，每天背5首儿歌，每个学期要求学生要完成5本书的背诵，在日积月累中沉淀学生的文学知识和文化素养。对于阅读课外书籍方面，根据学生兴趣点、年龄特点、能力发展水平，每学期推荐50本左右的书，完成对于书籍的针对性阅读和个性化阅读，同时也充分鼓励学生自主选择阅读素材。根据课标要求明确课内外的阅读内容和能力要求的基础上，在集思广益的学习中有效提升阅读质量。

例如，在低年级的多元化阅读教学过程中，我依托课本内容，在多教材版本的有机整合和同步学习中，实现对于阅读内容的延展化。在部编版教材小学一年级语文上册的《秋天》阅读教学过程中，课文的教学重点是对于"一"字不同读音的认知、理解和识记。文中"一群大雁往南飞，一会儿排成个'人'字，一会儿排成个'一'字"，对于"一"的四声和一声的不同发声和理解，学生在反复阅读中有了比较深的认知和体会。补充苏教版教材小学一年级语文上册的《秋姑娘的信》一文的阅读，课文的重点是认知和掌握字的笔画，同时背诵"一封写给南去的大雁，让它们路上多加小心"这一自然段，通过这两篇文章阅读中内容的对比，让学生体会到秋天别样的风情和别样的韵味。湘教版小学一年级上册的《大雁》一文中：世界上谁最聪明？大雁在天上写着：人。学习从哪里开始？大雁在天上写着：一。这篇课文也是写的"大雁"，但是角度不同，一个"人"字、一个"一"字告诉同学们要好好学习，做一个好学生。三篇课文都是写了"大雁"，视角不同，语言风格不同，学习重点不同，学生在多元化阅读的对比和整合中认识到语文的博大精深，奥妙无穷。同时，引导学生从每学期推荐的50本课外书籍中选择与之相关的内容进行比较阅读，这种阅读不仅践行了统编版教材主编温儒敏先生提出的"1+X的教学模式"，而且在大语文背景下实现主题阅读、群文阅读、海量阅读的有机整合。

二、个性发展，阅读策略多元化

著名教育家陶行知先生说："人像树木一样，要使他们尽量长上去，不能勉强都长得一样高，应当是：立脚点上求平等，于出头处谋自由。"在小学低年级学生的多元化阅读教学中，教师要充分认识到不同学生个体会因为综合能力、兴趣喜好和阅读习惯等诸多因素的差异，根据阅读文章的特点，适当选用解词析句法、质疑探究法、想象留白法、白描渲染法、勾圈标记法、搜索筛选法等不同的阅读策略；同时也要认识到不同的文章应采取不同的阅读方式，比如精读、略读、吟诵、节奏读、配乐读、快读慢读等等；另一方面，针对不同的的文章体裁选择不同的阅读形式，如个性化阅读、全班共读、亲子诵读、表演读、表演情景剧等，这样可以有效激发学生的阅读情趣，提高阅读能力。

例如，在《曹冲称象》的阅读教学中，为强化学生对于曹冲整个称象过程的质疑、探疑、解疑的具体内容的理解，培养学生积极探究问题、思考问题和主动解决问题的能力，在多元化的阅读策略实施的过程中，作为教师，我在帮助学生明确阅读的思路和方向、方法的基础上，将主动权和导演权交给学生，让他们自己去分配角色、选择适合自己的阅读方式，在培养学生个性阅读和个性发展中进行探索和创新。我尝试引导学生采用表演情景剧、配乐读、质疑探究法三者有效融合起来的策略，引导学生根据剧情的需要设置人物、语言、动作、背景等因素，设计的过程可以参考书本进行直接的情境再现，也可以根据学生的想象进行艺术加工和再创新。在学生的集思广益中，他们将人物出场的先后顺序进行了变化，先让曹冲出场，作为旁观者，静静地观察、认真地思考，当大家都无计可施时，他才说出自己的想法，其中在情境表演中，学生们设置的背景和曹冲认真观察、仔细思考的表演尤其值得津津乐道，为此我及时进行了表扬，鼓励大家继续努力、不断创新。这种多元化阅读的实践直接改变了传统阅读的局限性和枯燥性，通过不同方法的读，不同方式的读，不同形式的读，让阅读变得更灵活、更丰富。

三、创意互动，阅读活动多元化

在小学低年级阅读活动的多元化教学过程中，也要强化对学生的创意互动的有效培养和充分运用。"一花独放不是春，百花齐放春满园。"学生的多元化阅读要引导学生在个人阅读的基础上，科学延伸阅读空间，在小组共读、班级共读、亲子悦读等形式的创意互动活动的开展中，通过游戏、比赛等学生喜闻乐见的活动方式强化多元化阅读活动的创意性、趣味性、互动性、积极性。例如，通过班级读书会、好书乐分享、诗词大会等形式以不同的文体、不同的风格、不同的理解和认知等方面展现学生自主阅读的理解和体会；通过讲故事比赛、美文诵读比赛、亲子经典诵读比赛等活动的开展，以固定化的文体选择、针对性的阅读探究、深入化的创意互动呈现对阅读活动的参与和自主创新探究能力的培养效果。

例如，在开展班级读书会的活动中，通过设置"自然现象"的阅读主题，引导学生选择与之相关的内容，根据自己的兴趣爱好去选择阅读展示的具体方式，其中有的学生采取配乐诵读的方式朗读了苏教版课本中的《水乡歌》，有的学生采取讲故事的方式朗读了《雾在哪里》和《雪孩子》，还有同学采用了亲子诵读的方式制作了湘教版课本中的《小溪拍照》和《风姑姑的照片》的视频，不同形式和风格的阅读作品的呈现都实现了阅读空间的延伸，并为学生提供了多元化的阅读契机。通过多种形式的阅读表演的呈现，学生在创意互动中从不同风格的阅读体会中感受到大自然的奥妙无穷，培养学生敬畏自然、热爱自然、热爱生活的思想情感，并引导学生认真观察生活，从生活中获得知识、获得美的感受和体验。

四、奖惩并举，阅读评价多元化

　　"多一把衡量的尺子，就会多一批好学生。"在小学低年级阅读评价的过程中，教师要注意奖惩并用，以奖励为主，要充分认识到"数子十过，不如奖子一长"。在多元化阅读评价的过程中，教师要构建立体化科学化的评价体系，让学生每一天的努力在评价体系中都能得到坐标标识，以及每一点的进步和累积，借此增强学生持续阅读的信心。同时，教师还要及时指出学生在多元化阅读中存在的问题，例如，阅读的断点、断面和断篇，有的学生对于阅读只是为了追求阅读的数量，在质量上没有明确的要求，对于阅读内容的理解只是浅尝辄止。为此，在学生的多元化阅读过程中，对学生阅读的评价应该追求多元化，既要及时肯定学生的努力和成绩，又要及时明确学生阅读中存在的问题，在奖惩并举的原则下实现对学生阅读的科学评价。

　　例如，在低年级的多元化阅读中的学习成果的评价以星级评价为标准，实现熟读、背诵、认读、理解的四个层次的定位，并依次获得一颗、两颗、三颗、四颗星，这个过程的奖励性评价可以让学生在获取相应的星星的奖励的时候对应明确自己的阅读水平，有利于学生继续努力建构更加高层次的阅读目标并为此不懈努力。在构建了奖励的评价机制的同时，对于相对落后的学生也要给予一定的惩罚措施，目的在于让学生感到压力，并在此基础上激励和鞭策学生朝着更加高层次的目标努力。为此，我在构建多元化评价指标体系的过程中，立足于熟读、背诵、认读、理解，将阅读水平的这四个层次作为横向定位，然后将"阅读量、阅读面、阅读时间、阅读速度、阅读兴趣"整合评价的结果作为纵向定位，二者的交界点就是学生的阅读结果的评价数据。同时，在奖惩并举的过程中，特别强化学生对于一篇文章或者一部作品的读懂和读透，及时纠正学生"囫囵吞枣"的阅读方式，及时肯定和表扬学生取得的点滴进步，引导学生在"知其然，知其所以然"的标准指导下实现有效阅读。

　　书海无涯"读"作舟，"阅读教学的过程，是每个学生潜心读书，获得个体体验和独特感受的过程，是学生、教师、文本对话、思维碰撞、情感交流的过程，是教师引导学生在阅读实践中不断实现自我建构、学会阅读、促进表达的过程，是学生读有怕知到生疑、解疑再到生疑的过程"。崔峦老师对阅读的解读对当前的阅读教学提供了引导和借鉴。在大语文背景下的阅读教学中要强化阅读内容、阅读策略、阅读活动、阅读评价的多元化，在尚自然、展个性中让学生快乐阅读、快乐学习！

参考文献

［1］唐禧．小学语文多元化阅读教学初探［J］．福建基础教育研究，2017（06）：77-79.

［2］张霞.小学语文多元化阅读教学模式的构建［J］.西部素质教育，2016（08）：118.

［3］费文燕.多元化阅读路径探析［J］.新课程研究（上旬刊），2018（03）：125-126.

此论文于 2020 年 7 月发表在《教育界》杂志（国内刊号：CN45-1376/G4 国际刊号：ISSN1674-9510）"课程教学"62-63 页

开展多元化阅读教学的途径

南宁市桂雅路小学　　宗菲菲

【摘要】多元化阅读就是阅读内容多元化、阅读形式多元化、阅读活动多元化、阅读评价多元化。将多元化目标、多元化评价、多元化材料、多元化阅读体验模式和多元化训练等引入语文课堂，能赋予学生不一样的阅读体验。长此以往，能让学生逐渐形成良好的阅读兴趣，并掌握有效的阅读技巧。

【关键词】小学语文　阅读教学　多元化阅读

多元化阅读，就是阅读内容多元化、阅读形式多元化、阅读活动多元化、阅读评价多元化。多元化阅读不仅可以让原本枯燥乏味的阅读课充满更多的可能性，而且还能给予学生完全不同的阅读体验。我结合个人教学经验，从三个方面入手分析贯彻多元化阅读课的途径和方法。

一、立足学情，优化前期阅读准备工作

做足多元化阅读前期准备工作，这是实现高效化阅读的重要前提。根据多元化阅读的特点和理念，我主要从两个层面入手做出了分析。

（一）制订多元化目标，优化前期阅读准备工作

若想让一堂阅读课真正地灵动起来，首先教师要对学生的学习情况有一个全面的了解，以及对教材的准确把握。在此基础上制订学习目标。

针对阅读、理解能力强的学生，在制订目标期间可以将要求稍稍提高，或者是增加一些新的目标任务。例如，课文《秋天的雨》，我给学生制订的阅读目标是自主完成阅读，剖析文章的几个关键点，并围绕文章的核心立意撰写读后感；针对阅读能力弱的学生，我布置的任务以基础知识的探索为基准，例如，掌握文章中出现的几个生字、生词，并利用这些生字和生词编写句子和段子，以此提高他们对基础知识的运用能力。阅读目标的设计并不是一成不变的，

教师要根据学生的成长状况、学习水平等，随时对目标进行科学的整改，从而持续优化学生的阅读体验。

（二）多元化评价环节，点燃学生思维意识

在教学《难忘的泼水节》时，我带着学生完成阅读工作后，指出："这是老师非常喜欢的一篇文章，如今同学们读完了它，相信大家对它有了更深刻的理解……"在我说完这番话的时候，我发现学生的反应非常冷淡。后来我转念一想，我所表达的那番话只是我的感悟，学生没有产生共鸣是正常的。要想激发学生的表达欲望，开展多元化的评价环节十分必要。

每个人的经历和生活的环境都不相同，所以他们对课文的看法也会有所不同。要激发学生评价的欲望，引导他们从不同的角度出发去评价课文。例如，有的学生指出："泼水节作为一种传统节日，有它独特的意义，值得传承。"也有学生指出："泼水节固然有它的文化意义和历史传承精神，但是在当今物质资源匮乏的年代，我们要节约用水，而泼水节无疑会导致水资源的流失，所以不值得大力推崇！"根据学生的讨论情况，教师可以以"要不要保留泼水节"为主题鼓励学生展开延伸性的评价活动，从而激发学生的讨论积极性，丰富他们的阅读体验。

二、立足资源，优化课中阅读体验活动

阅读资源是实现阅读的重要素材，阅读资源的选择直接决定着学生在阅读课中的学习质量。从多元化的角度出发选择阅读素材，并在此基础上制定多元化的阅读模式是非常必要的。

（一）择取多元化材料，顺从学生学情

一方面，教师在教学设计环节要根据学生的发展需求和学生的阅读理念，制定多元化材料择取机制，以此让学生更好地体验阅读。另一方面，基于阅读文本主题引出课外阅读活动，实现阅读资源的多元化，也是提高阅读课效果的一个关键点。语文承载着多元性的文化信息，是帮助学生了解时代、社会的关键学科。但是由于信息过多，学生在获取这些知识碎片的时候很容易形成认知混淆的问题。而落实课外阅读活动的根本目的，就是让学生在多元化的阅读体验中可以快速建立完整的认知结构。

例如，《亡羊补牢》这篇成语故事是引领学生学习成语的一个重要切入点。为了让学生更深刻地认知成语，并懂得如何运用成语，我在课外阅读环节给学生介绍了《中华成语故事》一书，动员学生选择其中的1—3篇故事进行阅读，并总结个人的感想和观点。

又如，对于成语故事《坐井观天》，有的学生提出了自己的看法："虽然这个成语告诉我们看问题、认识事物的时候要站得高、看得全面，不能像青蛙那样犯了错误还自以为是。但是故事中的小青蛙只能看到井口大小的天空，它并不理解外面的广阔。从它的认知角度来看，它的想法似乎并没有什么错误吧？"针对他的意见，有的学生认为："但是它可以改变自己，

可以跳出那口井，见识外面的广阔。它不愿意改变现状，又固执己见，这难道不是一种错误吗？"随着二人的"争执"，越来越多的学生参与到其中，从而形成了"百家争鸣"的阅读局面。

此时，我及时利用一些问题引发学生思考和总结知识点，既让学生获得思考的契机，又帮助他们形成正确的观点。

（二）多元化阅读体验模式，优化课堂体验

在多元化的阅读情境中，教师、学生应该处于平等的位置。教师带着学生读的"一言堂"式的阅读课堂形式并不利于学生能力提升。应该多采取多元化阅读体验模式，让学生成为阅读的主体。部编版小学语文教材的每个单元都设置了不同题材的文章，并提供了多项阅读体验形式，例如，留白想象、朗读体会和设问质疑等。教师在学生阅读期间可以根据学情发展需要，选定阅读策略，并在阅读的过程中不断调整方案，让学生持续沉浸在悬疑的、生动的和有趣的阅读情境中。

例如，教学《乌鸦喝水》时，我并未按照传统的阅读模式让学生预习，而是在课堂中先读了课文的前半部分，然后鼓励学生猜测小乌鸦是如何喝到水的，并提问："如果同学们是那只小乌鸦，你们会如何喝水呢？"这个话题瞬间激发学生的好奇心，也激发他们的表达欲望。学生开始积极地讨论。当学生的讨论进入白热化的阶段时，可以顺势出示文章的后半部分，然后与学生交流文中"乌鸦喝到水的手段"的妙处。同时还可以间接引导学生说出乌鸦喝到水的原理，从而让学生通过文章阅读了解更多的知识点。

又如，教学课文《司马光》时，我根据这篇课文的故事情节、对话等元素进行了剧本式的改编，要求学生扮演司马光及其伙伴。此时，学生的兴趣变得格外高涨，因为他们先前从未体验过这种"角色扮演式"的阅读模式。他们快速沉浸在文章剧情里，甚至还对台词等进行了二次的改编。当活动结束之后，我顺势提出了几个问题："生活中遇到此类危险的情况时应该如何救助他人，或完成自救？生活中还有哪些现象是危险的，又该如何远离这些危险？"一次有趣的阅读体验，让安全意识的教育融入课堂之中，优化了学生的课堂体验。

三、立足训练，优化课后阅读延伸平台

立足训练，优化课后阅读的延伸体验平台。赋予学生写作和语言表达的机会，这也是进一步开发了阅读价值，提升学生语文核心素养的关键所在。在具体的教学中，可以根据不同的文本题材，设计不同的练习，全面突出多元化阅读的价值与魅力。

譬如，开展课文《富饶的西沙群岛》的阅读教学时，我引导学生对环境保护问题进行了深究。在完成阅读之后，学生自发地开展了环保专题的文章撰写活动。其间，学生利用信息技术收集资源、数据，不仅写出了迫在眉睫的环境问题，而且还提出了具体的治理措施。虽然很多知识

点都是他们在资源库中收集来的，但是随着他们不断地总结、提炼和运用，这些信息在无形中成为了他们的知识储存。

开辟多元化阅读路线，合理运用课内外资源，引领学生走进阅读的殿堂，让学生爱上阅读、懂得阅读、会深层次阅读是此次阅读教学的重点。学生在阅读中积累的经验，能为他们开展自主阅读提供保障。但是，不同学生的能力有别，同一种指导手段未必适用于全体学生。因此，教师应该适当地引入分层机制，为不同的学生个体提供不同的学习契机。这样才能让学生更好地获得知识，掌握阅读的技巧，领略阅读的精髓。

参考文献

[1] 韩传美. 新时期小学语文多元化阅读教学的实践研究 [J]. 发明与创新，2020（04）：51.
[2] 邵宇翔. 对新时期小学语文多元化阅读教学的探究与反思 [J]. 语文教学通讯，2020（02）：50-52.
[3] 白小玲. 小学语文多元化阅读教学的探索与思考 [J]. 散文百家，2020（10）：140.

此论文《开展多元化阅读教学的途径》发表于《基础教育研究》杂志 2021 年 4 月刊（国内刊号：CN45-1094/G4 国际刊号：ISSN1002-3275）"学科探索" 39-40 页

PBL 项目式教学
与整本书阅读的结合策略

南宁市桂雅路小学　宗菲菲

【摘要】整本书阅读是一次神秘而有趣的"生命之旅"，正所谓一书一世界，我们在阅读不同的书时，能够获得不一样的人生。但是，我发现小学生在进行整本书阅读的时候缺乏合理的经验和技巧，导致阅读成为了"走马观花"的过程。针对这个情况，合理使用 PBL 项目式教学法，缔造不一样的阅读情境，以此优化学生的阅读体验，便显得尤为主要。

【关键词】小学语文　PBL 项目式教学　整本书阅读　教学方法

很多人以为阅读就是看看书，读读文字，但深入分析会发现，阅读是一门艺术。譬如有的人读完一本书后，什么都学不到，但是有的人在读完一本书后，却会获得不一样的思想体验，形成不一样的感受。这说明阅读的价值取决于一个人的阅读态度和方法。所以，指导学生正确地阅读，让阅读多一些价值，是摆在我们面前的一个问题。尤其是整本书阅读，由于篇幅大，耗时久，一些很少阅读的学生在读的过程中很容易看到这里遗忘那里，甚至对精彩的描写漠不关心。针对这些情况，我们必须改变学生的阅读现状，合理引入 PBL 项目式教学法，让学生通过探究、整合材料、互动交流等途径，深入到整本书阅读中，借此收获大量的经验和知识。久而久之，不但能让学生构建起行之有效的阅读技巧，更能优化他们的阅读习惯，从而为以后的阅读埋下伏笔。

下面，我将以《草房子》作为此次实践研究的对象，并从三个点出发阐述如何利用 PBL 项目式教学优化整本书阅读质量。

一、以学生为主体，科学制定阅读项目

PBL 项目式教学法是以"问题"作为导向，以学生为中心的教学理念，其"项目"对应的即是问题。在整本书阅读的时候，学生可以围绕"项目"来展开，这样能便于学生更好地找到切入口，由此让阅读变得更为高效。因此，遵从学生的能力水平，合理制定阅读项目，这是重要前提。

项目一：观察图书的封面，可以从中捕捉到哪些信息？

项目二：在这个故事当中，主人公桑桑和父亲为什么要离开这片金灿灿的草房子，他们要去哪里？

项目三：这本书中，桑桑经历了哪些事情，他的性格发生了哪些变化？

项目四：这本书带给大家的感受是什么？

上述四个阅读"项目"中，第一个项目重在考查学生对细节的观察力。很多学生在阅读时，都会自动过滤封面及书名，殊不知一部作品的内涵，有时往往会体现在这几种因素上面；第二个题目重在引导学生阅读，促使他们带着目的去读；第三个问题旨在考查学生的总结能力，也就是对图书重大信息的提炼与整合的技巧；第四个问题旨在考查学生对图书中心思想的分析能力，是从文字阅读上升到思想解读层面的重要部分。

整体来看，这四个"项目"难度相对适中，用来培养小学生的整本书阅读能力恰到好处。而且，通过对四个"项目"的深入探索，可以有效改变学生以往的阅读习惯，让他们懂得如何在读的基础上探寻切入口。如此一来，便可以让有效阅读真正发生，并为学生之后的阅读埋下伏笔。

二、以问题为导向，引导学生合作互动

有的人难免要感到疑惑，课堂时间必定是有限的，学生真的可以读完整本书吗？其实不然，PBL 项目式教学之下的整本书阅读并不是让学生个体在课堂中读完整本书，而是按照"以人为本"的理念制定阅读项目的同时将全体学生划分若干学习小组。其间，不同的小组阅读不同的

篇章，且组员之间要在读的基础上收集材料，发现问题和解决问题。如此一来，不但能让学生在进行整本书阅读的过程中获得集思广益的体验，还能弥补个体的短板。

另一方面，整本书阅读并不是由一节课来完成，也并非只能在课堂完成。我们同样可以安排第二课时、第三课时，甚至是在课下搭配任务。如此一来，能有效拓展学生的阅读体验，间接优化他们的自主能力。

（一）第一次阅读

在阅读《草房子》期间，我首先将全体学生划分为三个小组，然后要求每个小组分别阅读不同的章节。例如：第一组阅读第一章《秃鹤》的第二节，从第 5 页开始；第二组阅读第九章《药寮》的第五节，从 271 页开始；第三组阅读第九章《药寮》的第八节，从 281 页开始。

在具体的阅读中，我还对第一大点中提到的阅读项目进行了细化，譬如第三个项目是"桑桑经历了哪些事情，他的性格发生了哪些变化"，我针对该阅读项目延伸设计了几个小的"项目"。如下：

1. 桑桑在某个时刻做了哪些事情？

2. 可以发现桑桑是一个什么样性格的孩子？

3. 哪些语句带给了同学们内心上的震撼，从中感受到了什么？

如此一来，学生便可以带着目的展开阅读。在这期间，如果个别组员在某个细节上出现了遗漏，其他组员还可以顺势跟进，完善短板，这样不但可以充分发挥合作小组的优势，还能将阅读质量扩至最大化。

当然，一味地闷头"读"无法让我们了解学生的阅读现状，因此我们要适当地鼓励学生起身发言，说出自己的想法和观点。比如针对第二个小问题"桑桑是一个什么样性格的孩子"，这个答案可以在文章中找到。其间，由于不同的小组阅读不同的内容，所以他们对桑桑性格的看法也会存在差异。

第一组：碗柜改鸽笼，蚊帐改渔网，夏天穿棉衣。在读这段话时，我们可以发现桑桑是一个非常聪明的孩子，他敢于尝试，而且充满了创造性，虽然异想天开，却并不是胡思乱想。

第二组：帮细马看羊，给过路人送水，桑桑病了，把柳柳背到城墙上。从这段话中可以发现桑桑还是一个诚实守信，信守诺言的孩子。同时，他也非常的善良，对自己的妹妹疼爱有加。

第三组：生病依然坚持上学，病好了，随父亲到另一个陌生的地方，与油麻地的朋友告别。从这段话里可以发现桑桑是一个非常念旧和坚强的孩子，他不怕吃苦，不怕累，懂得坚持不懈。

不难发现，三个小组提炼出了不同的观点。此时，我们可以要求三个小组展开互动，分享信息，从而让彼此了解更多的作品信息。这样一来，便会无形中增强作品的悬念性，继而带动学生的阅读欲望。

（二）第二次阅读

如果将整本书阅读完全放在课堂中进行，显然是不科学的，且不说是否有足够的时间，单是小学生也无法短时间内吸收足够多的内容。因此，我将第二次阅读放在了课下。在这期间，学生可以随意选择自己喜欢的人物或章节来阅读。但是此次阅读并不是没有要求的，相反我同样给学生设计了小的"项目"，这样才能让课下阅读具有意义。

在上述第一大点中，我列出了四个阅读"项目"，其中有一个问题是"桑桑经历了哪些事情"。我将该"项目"展开进一步细化，然后要求学生在课下阅读的同时对问题做出详细的解答。

1. 桑桑经历的这些事情分别带给了他哪些影响？

2. 当桑桑身处事件当中时，他选择了如何做？

3. 桑桑带给了大家哪些感受？

第一个问题旨在考查学生对作品细节的把控能力，而发散性较强，通过梳理该问题，可以间接帮助学生完成对其他任务项目的探查，例如"主人公桑桑和父亲为什么要离开这片金灿灿的草房子，他们要去哪里"；第二个问题重在考查学生对文章内容的梳理能力，而在实际阅读中，我要求学生将信息梳理为一句或多句话；第三个问题为开放性问题，相当于"读后感"，学生需要将自己的阅读心得和体会书写下来（100—200字之间）。

当然，为了提高课下阅读质量，学生还可以与先前的组员再次合作，由此在互动中更好地深入作品，让问题答案浮出水面。

（三）第三次阅读

当学生完成了课下阅读之后，他们对整本书的内容已经几近了解。此时，我们需要展开第三次阅读，以此帮助学生总结全文，反思细节。不过，考虑到学生是初次尝试整本书阅读，因此我们同样可以预设"项目"，由此为他们打开反思与总结的突破口，让阅读趋向科学合理。如下：

1. 在《草房子》这部作品中，大家都认识了谁？

2. 哪个人物是大家最喜欢的，能说说原因是什么吗？

3. 这部作品哪些地方最吸引大家，为什么？

上述三个问题并没有确切的答案，可以说"一千个人的心中有一千个哈姆雷特"。因此，我们要做到尊重每一位学生的看法，同时也要提醒其他的学生尊重彼此的观点。不过，如果学生之间确实存在理解上的冲突，且互不服输，我们可以顺势开展课堂辩论活动，并要求学生从书中提炼信息进行陈述。此时，不但能间接实现二次阅读，还能帮助学生温故知新，并间接提升他们的表达能力，从而达到一举多得的教学效果。

三、以答案为论点，缔造百家争鸣课堂

围绕 PBL 项目式教学展开整本书阅读的目的是为了扩展学生的视野，完善他们的阅读技巧，优化其思想认知。当学生在读完整本书，并初步掌握了行之有效的阅读技巧之后，为了丰富他们的"读"之体验，我们还可以将一些篇幅相对短小的作品推荐给学生，然后要求他们在读的基础上开展辩论活动，从而促使他们在读的同时展开构思，在分析的同时进行表达。

《草房子》为作家曹文轩的作品，接下来我给学生推荐的则是曹文轩的另一部作品——《野风车》。这部作品的主角同样是桑桑，描述的则是他六年级的生活。在这一年中，桑桑经历了许多感动的事情，而我则围绕这些感动的事件提炼论点，然后要求学生展开辩论，以此缔造百家争鸣的阅读氛围。

如下面这一段——"弯桥得了脑膜炎。他变得有点傻了。别的孩子总是捉弄他。但弯桥很善良，他把他们梦见的是那么善良！弯桥的善良打动了他们。他们就欢快的在一起玩了！"

生1：一切都是弯桥的想象，其实大家并不善良，所谓的大家和他玩都是他的梦罢了，现实还是那么残酷……

生2：我宁愿想象梦中的是真实的，而现实的才是噩梦，那样就不会有那么多的痛苦，那么多的磨难……

此时我询问学生："如果在座的每一位同学都是弯桥，大家会不会反抗？或者说如何看待自己的命运呢？"由此带来新一轮的辩论，让学生们在"争执"中完美互动。

四、以创新为支点，优化学生阅读体验

PBL 项目式教学在学生的问题架构中，立足于生本基础，在创新教学中引领学生在材料整理中发现问题和探究问题，以创新为支点，指导学生在个性化阅读中解读作品，进而优化学生的阅读体验。这个体验的过程，教师要注意定位"教是为了不教"的理念，指导学生在自我发现、自我研究和自我探索中实现对文本的个性化解读。

例如，在曹文轩《草房子》的创新阅读教学中，引领学生从三个方面去深入解读作品，优化学生的阅读体验，尤其是定位于文本中的某个点，由这个点延伸学生的阅读体验，引领学生在连点成面中进行创新思维，并升华学生的文本阅读体验。

如下面这一段——"油麻地在桑桑的心中是永远的。"

"桑桑望着这一幢一幢草房子，泪眼朦胧之中，它们连成了一大片金色。"

"1962年8月的这个上午，油麻地的许多大人和小孩，都看到了空中那只巨大的旋转着的白色花环——"

这里问题的设置从文本中的关键字词入手，引领学生分析"永远的""连成了一大片金色""都看到了"这几个关键词句所蕴含的思想情感。学生在文本的创新阅读中从这些关键词句入手，在小组合作探究中进行个性化的分析和解读：有的学生指出，那个"永远的"是桑桑永恒的记忆，因为这份记忆非常美好，有善良、有真诚、有满满的童真童趣，这是最朴实的生活，却又是最生动的记忆；有的学生指出，那个"连成了一大片金色"是阳光的色彩，是希望的色彩，也是明亮的色彩，这里给了桑桑生命的希望，也给了未来生活无限的希望和向往；还有的学生指出，那个"巨大的旋转着的白色花环——"是鸽子们对桑桑的道别仪式，也是自然对桑桑特有的道别仪式，这里有桑桑的爱，桑桑的珍惜，桑桑的善良和所有的纯真，任何生物都有灵性，任何生物都有情感，在这个特别的庄重的道别仪式中，不仅承载着鸽子们的眷恋和不舍，这里"许多大人和小孩"他们的情感也融入了这特别的鸽群中，以"花环"的美好和祝福向桑桑道别，正如桑桑的依恋和思念，这个"白色花环"承载着桑桑，油麻地的大人和小孩，以及鸽群的情感，这是无声的解读，更是无言的诉说。

PBL项目式教学以这几个问题为引，从"永远的"衍生出桑桑珍贵的回忆，引领学生对文本的故事情节进行简单的概括总结；从"一大片金色"延伸出文本中关于"金色"的景色描写的集中性解读，从颜色的定位中创新解读其中蕴含的思想情感；从"白色花环"中引出学生对于桑桑与鸽群之间的故事，在选取其中的精彩片段进行个性化解析中创新对文本构思精妙的深入解读。

总之，有的学生将整本书阅读视为一种折磨，那是因为他没能真正地沉浸在其中。如果学生肯于认真摸索、认真思考，会发现阅读更像是对他人生活的情境体验，这种奇妙而愉悦的感受是其他的活动所无法比拟的。因此，我们必须深入探究PBL教学法的使用手法，合理制定教学方案，借此赋予学生不一样的整本书阅读体验。久而久之，不但可以促使他们养成良好的阅读习惯，而且还能给他们枯燥的生活增添一丝亮丽的光彩。

参考文献

[1] 阮莺莺. 小学语文整本书阅读教学的实施策略 [J]. 教师博览，2021（07）：41-42.

[2] 陈海英. 浅论中年级整本书阅读教学策略 [J]. 家长，2021（07）：92-93.

[3] 喻晓琴. 小学整本书阅读导读的问题及实践策略 [J]. 教育科学论坛，2021（07）：35-37.

此论文发表于《基础教育研究》杂志2022年8月刊，第16期（国内刊号：CN45-1094/G4，国际刊号：ISSN 1002-3275）"教材教法"68-70页。

巧用批判思维　走向深阅读

南宁市桂雅路小学　宗菲菲

【摘要】在小学语文阅读教学中批判性思维能力的培养和锻炼应该植根于阅读内容的理解、阅读能力的提升、阅读思维的创新，在激发和指导学生敢于质疑、勇于探疑、勤于解疑、乐于用疑的过程中，实现学生在阅读中探究、分析、思考、发现，拨动学生批判思维的心弦，引领学生走向"深"阅读，提升学生的整体感知能力、提取信息能力、推断解疑能力、评价鉴赏能力和联结运用能力等阅读思维能力。

【关键词】小学语文　阅读教学　批判性思维　科学融入　思考与探索

随着素质教育的深入开展，在小学语文阅读教学中要实现学生核心素养的提升，需要有效培养学生的批判性思维，让学生在课堂上学有所悟、学有所得，在课后学有所思、学有所获。教师通过巧用批判思维，引领学生走向"深"阅读，提升学生的整体感知能力、提取信息能力、推断解疑能力、评价鉴赏能力和联结运用能力等阅读思维能力，在"学贵有疑"精神的指导下，让学生在思考中学习、在学习中思考，以批判探究学习的思维实现深入阅读、有效阅读，进而提升学生的综合素养。

一、小学语文阅读教学中批判性思维融入的基本情况

明代陈献章提出，"学贵质疑，小疑则小进，大疑则大进"。在小学语文阅读教学中要培养学生敢于质疑的精神，引导学生学会在阅读中发现，正如著名教育家陶行知先生所说，"语文课的主要任务是训练思维、训练语言，而思维能力和语言能力，儿童时期打下的基础极为重要"。当前小学语文阅读教学中的批判性思维主要是从字词句入手，从修辞手法、描写方法和布局谋篇的技巧等方面探究，引导学生在阅读中发现值得学习的地方，在阅读中提出自己不同的看法和意见，这个批判思维的过程虽然实现了创新发展，但是由于过于拘泥于教材本身，学生的阅读视野没能得到有效拓展和深化，为此需要在思考当前教育教学中问题的基础上探究更好的路径和方法。

二、小学语文阅读教学中批判性思维融入中存在的问题

当前小学语文阅读教学中的批判性思维融入中存在着诸多误区。

（一）目标不明确

爱因斯坦说过："提出一个问题，往往比解决一个问题更重要。"为此，在小学语文阅读教学中教师要认识到生疑是思维的开端，教师要明确目的，引导学生从正反两方面的不同视

角分析问题，而不是直接"否定"，须知古人尚且"吟安一个字，拈断数茎须"，今天的批判性思维更需严谨认真。

（二）定位不科学

叶圣陶先生指出，"教师之为教，不在全盘授予，而在相机诱导"。在小学语文阅读教学的批判性思维培养过程中，教师要注意"相机诱导"，要帮助学生明确批判性思维的科学定位，要有的放矢，不能让学生"胡子眉毛一把抓"。要认识到思维定位的不科学会直接影响学生的思路偏颇，造成精力、情感、时间的浪费，甚至会直接影响学生的学习兴趣。

（三）过程不严谨

陶行知先生说："教育中要防止两种不同的倾向：一种是将教与学的界限完全泯除，否定了教师主导作用的错误倾向；另一种是只管教，不问学生兴趣，不注重学生所提出问题的错误倾向。前一种倾向必然是无计划，随着生活打滚；后一种倾向必然把学生灌输成烧鸭。"在批判性思维中也存在着这两方面的问题，一是只管学生自己去自由批判，另一种是教师讲授着自己的批判意见，这两种错误的倾向都造成了批判性思维的过程不严谨，缺乏师生互动下的针对性批判和有效性批判，需要明确批判性思维不是感性的认知和感情的倾向，更不是直接去解决什么问题，而应是思路的创新、文学的发展、知识的延伸。

三、小学语文阅读教学中批判性思维融入的创新思路

在思考当前小学阅读教学中批判性思维融入的现状和存在的问题基础上，积极探究其创新思路，可以为今后阅读教学的科学发展提供有效的借鉴。

（一）勇于探疑，在阅读中思考

刘勰的《文心雕龙》中提出："操千曲而后晓声，观千剑而后识器。"在小学语文阅读教学中激发了学生敢于质疑的精神以后，还要因势利导，强化学生勇于探疑，在探究和锻炼中提升理解水平和批判思维能力。这个过程既是批判思维锻炼的过程，也是自主探究学习实践的过程，通过引导学生在阅读中思考，实现对学生学习兴趣的有效激发，进而培养学生自主学习的意识和习惯，在尊重学生的个性差异的基础上鼓励学生选择适合自己的学习方式进行批判性思维。著名人本主义教育家罗杰斯关于建构主义学习观的探究中指出，学生不是简单被动地接受信息，而是对外部信息进行主动选择加工和处理，从而获得知识的意义。在小学阅读教学的批判性思维指导过程中，要强化学生的"活学活用"，特别是"用"的技巧的指导和锻炼，让学生充分明确"故书不厌百回读，熟读精思子自知"的阅读原则基础上，在"百回读"中思考，在"精思"中探疑。

　　例如，在阅读教学《总也倒不了的老屋》的过程中，学生的批判性思维的过程在教师的指导下逐步深入：首先，学生根据题目提出疑问，为何老屋总也倒不了？接着，学生根据文章的三个故事提出疑问，为什么最后写小蜘蛛的故事一直没讲完，可是小蜘蛛的寿命是很短的啊？最后，有的学生提出文中主要赞扬了老屋的爱心和他的善良品质，可是那些小动物对于老屋的长寿也是有贡献的啊！这些问题的提出，是在对于文章的阅读过程中从文题到内容再到思想循序渐进、逐步深入的，在完成学生的勇于探疑过程中，不能对学生的问题置之不理，也不能停留在浅尝辄止的状态，作为教师要与学生一起探究、一起思考，在自读、略读、精读的方法运用中，引导学生体会到老屋的爱心无限、奉献不止是不倒的根源和力量，而小蜘蛛的寿命虽短，但是前文中提到的母鸡孵蛋中可以想象到生命的延续，在小蜘蛛的繁衍不息中会让生命绵绵不断，也会让幸福和温暖永无止境。最后，我及时表扬了学生的批判思维和创新思路，跳出框架思考问题，"赠人玫瑰手有余香"，在老屋的奉献中，他也获得了生命延续下去的力量，在付出爱心的同时，也收获了陪伴、温暖和幸福，这对于学生道德素养的提升也是一种情感熏陶。

（二）勤于解疑，在阅读中分析

　　《语文课程标准》中明确提出："逐步培养学生探究性阅读和创造性阅读的能力，提倡多角度的有创意的阅读，利用阅读期待阅读反思和批判等环节，拓展思维空间，提高阅读质量。"在小学阅读教学中批判性思维的培养和锻炼主要依托于学生的创造性阅读能力的培养和提升，在创新发展过程中，指导学生在阅读中分析，在勤于解疑中实现对学生感受理解欣赏和评价能力的培养。全国小语会理事长崔峦也曾明确提出："阅读教学的过程，是每个学生潜心读书、获得个性体验和独特感受的过程，是学生与教师文本对话、思维碰撞、情感交流的过程，是教师引导学生在阅读实践中不断实现自我建构、学会阅读，促进表达的过程，是学生读有怕知到生疑解疑再到生疑的过程。"为此，在小学语文阅读教学中批判性思维的培养要引导学生在阅读中分析，在解疑中释疑。

　　例如，在阅读教学《蝙蝠和雷达》的过程中，学生的阅读思维一般停留在对于课文内容的理解和科学知识的掌握上，为了有效培养和锻炼学生的批判性思维，在阅读教学过程中通过设置问题，引导学生在阅读中分析，在解疑中深入学习文章在思路、结构和语言方面的运用技巧。如在文章开头的问题分析中，通过思考为何用飞机开头不直接用蝙蝠开头，进而体会到作者写法方面的技巧。这种提问式的开头，让学生在直观的生活体验中引出了科学原理，这样由浅到深、由表及里的写作手法符合思维规律，也有利于激发读者的阅读兴趣。接着在分析文中对于蝙蝠的超声波的原理运用过程中，通过学生的深入剖析，从简单的几句话到相关图像的展示，再到生活中运用此原理的事物的分析探究，在多媒体技术手段的运用中，学生在解疑过程中获得了直观的影像资料作为强有力的支撑，对于学生在解疑分析中再次提出的问题也通过网络知识资源进行了及时的解决，如飞机的超声波在黑夜里或者雷雨天气是否受到影响？有人提出飞机是确定了航线，然后自动导航的，这是否意味着超声波已不再应用到飞机上了？这层出不穷的问题探究过程是师生合作学习的过程，也是学生批判性思维锻炼提升的过程。

（三）乐于用疑，在阅读中探索

著名语文教育专家周一贯老师提出："阅读教学总是要通过学生的主体的认识图式去同化课文，这种同化并不完全是顺应，也应当引导学生去质疑、去批判、去否定，敢于给课文挑刺，从小培养学生不盲从权威，不唯书，敢于独立思考、追求真理的精神。"在小学语文阅读教学中要强化学生在阅读中探究，培养学生乐于用疑的精神和能力，在尊重"一千个读者就有一千个哈姆雷特"的差异性原则的基础上引导学生批判性思维，创新性思考。鼓励学生乐于质疑，要在阅读教学中及时肯定学生的质疑效果，表扬学生的批判思维能力和创新思维能力，让学生在充分了解到著名画家齐白石先生曾说过的"学我者生，似我者死"的学习法则的过程中自我提升、自我超越。小学阅读能力要发展和提升必须有质疑和用疑的能力，在探究中用疑，在创新发展中培养和锻炼学生的批判性思维能力，实现阅读思路的创新和阅读内容的延伸。

例如，在《走月亮》的阅读教学中，学生在批判性思维的指导下，通过用疑实现了对于课文内容的改写和再创造。在开头文章进行了环境描写，在情景的渲染中定格了月亮的画面，浓墨渲染了走月亮的环境氛围，有的同学提出，可以通过一组影像直接定位于"我和妈妈"走月亮的情景，将文中的三幅画面以三个小节的形式呈现出来，以小标题的形式通过组图的方式呈现"走月亮"的情景，这种用疑的再创造确实实现了结构上的耳目一新，但是对比文中的思路安排，从整体的情感和思路的整合方面缺少有效的衔接，显得有些断章取义。接下来，我引导学生结合文章内容，在吸收借鉴的基础上进行批判性思维，学生将文中的过渡段以标题的方式和结合主旨句进行了整合和创新，实现了阅读探究和再加工。同时，在对比诗歌《秋晚的江上》中"双翅一翻，把斜阳掉在江上；头白的芦苇，也妆成一瞬的红颜了"这种拟人和夸张的手法运用，在表达效果上与《走月亮》的细腻的环境描写的不同体会中，学生尝试采用这种简洁的手法进行《走月亮》内容的修改和再创造，体会其中语境和情感的差异。

《中庸》提出："博学之，审问之，慎思之，明辨之，笃行之。"在小学语文阅读教学中批判性思维能力的培养和锻炼应该植根于阅读内容的理解、阅读能力的提升、阅读思维的创新，在激发和指导学生敢于质疑、勇于探疑、勤于解疑、乐于用疑的过程中，实现学生在阅读中探究、分析、思考、发现，拨动学生批判思维的心弦，充分发挥阅读教学的科学性和艺术性，指引学生在目视其文、口发其声、心同其情、耳醉其音的过程中放飞思维，海阔天空。

参考文献

[1] 黄韦韦. 小语阅读教学中学生批判思维能力的培养 [J]. 教书育人，2018（11）：71.

[2] 潘宜峰. 小学语文阅读教学中批判性思维的培养 [J]. 课程教育研究，2017（07）：92.

[3] 朱瑛.语文阅读教学培养学生批判性思维能力的实践研究——以小学三年级为例 [D].杭州：杭州师范大学，2017（05）：68-69.

[4] 陆燕.试析小学语文阅读教学中如何培养批判性思维 [J].内蒙古教育，2016（10）：39.

[5] 陆瑢.批判性思维在语文阅读教学中的培养路径 [J].江苏教育，2019（09）：29-31.

此论文《巧用批判思维，走向"深"阅读》荣获2020年广西小学优秀教育成果一等奖。

有的放矢，有条不紊
——浅谈 PBL 项目式教学理念下
小学高年级整本书阅读的有效策略

南宁市桂雅路小学　宗菲菲

【摘要】新课改理念的深入贯彻落实对于当前小学语文课程教学提出了严峻的挑战，为此，从生本的认知规律和认知水平的基础上深入剖析，在 PBL 项目式学习的有效运用中，积极建构项目目标，推进任务驱动；精化项目准备，明确阅读任务；夯实项目实施，推进合作交流；强化项目评价，促进课程整合几方面积极探究，旨在推进学生语文核心素养的全面发展。

【关键词】小学高年级　整本书阅读　PBL 项目式教学　有效策略

随着素质教育的深入发展，PBL 项目式教学理念在融入小学阅读教学中，教师要从专题学习的定位入手，在引领学生围绕项目明确真实学习任务的基础上，综合各学科知识，并在合作学习的环境建构下通过精心设计并实施一系列的探究活动，将探究成果进行表达和交流，在有的放矢中推进小学高年级整本书阅读的有条不紊的开展。为此，在深入解读 PBL 项目式教学理念的基础上结合当前小学高年级整本书阅读中存在的学生阅读被动化、思路程序化、方法僵硬化的问题，充分认识到在整本书阅读中存在的时间长、任务重和难度大的困扰，依托项目式教学理念中的挑战性、持续性、真实性的原则，积极推进学生在整本书中查找问题、整合信息、使用知识，充分保护学生的发言权和选择权，让学生在批判阅读中自主解决问题，在团结协作中强化自我管理能力的提升，推进学生核心素养的全面发展。

一、定位项目目标，建构任务驱动

苏霍姆林斯基指出，"在儿童的精神世界和心灵深处中根深蒂固的需要就是自己成为一个发现者、研究者和探索者"。巴克实验室提出的"以课程标准为核心的项目学习"教学模式中将项目目标进行了明确的定位，为此，在当前小学高年级整本书阅读的项目目标的定位要在"明确挑战"中定位项目目标，在"精心设置驱动问题"中建构任务驱动，并在结果分析中建构评估体系，让学生在有的放矢的整本书阅读中，循序渐进地开展阅读，推进整本书的阅读生本化、能动化。

例如，在部编版小学第十一册《快乐读书吧》中关于"笑与泪，经历与成长"的整本书阅读教学中，巴克实验室的"以课程标准为核心的项目学习"中的挑战、问题和评估的定位可以延伸为从导学、研学和展学三个阶段入手，充分融合项目导航、制定计划、活动探究、制作作品、成果交流、活动评价这六个环节，从高尔基的《童年》整本书阅读的项目目标建构中强化任务驱动的建构方向：一是导学激趣，从项目学习的目标定位上确定整本书阅读中关于"经历"和"成长"两个层面的阅读要求，并在阅读过程中一分为二地理解"笑"与"泪"的情感体验，在情感碰撞中获得智慧的启迪和思维的提升，全面感悟《童年》中阿廖沙成长中的伤痛和温暖，并从阅读视角和项目学习目标上基本定位整本书阅读的方向，实现阅读的有的放矢。二是研学推进，引领学生在整本书阅读中以批判性思维深化知识结构，在以阅读为基本的原则下，推进方案设计的条理化，阅读管理的链条化，师生互动的深入化，以师生不同的视角去深入解读《童年》中关于生活、关于生命的认知和感悟。三是展学评价，这个过程是对学生整本书阅读成果的综合评定的环节，教师要以表扬和肯定的视角去科学评判学生的阅读成果，通过生本评价、生生评价和师生评价等不同方式让学生的个性化理解以"一千个读者就有一千个哈姆雷特"的别样形式展示出来，让整本书的阅读过程迸发出"百花齐放"的绚丽色彩。

二、精化项目准备，明确阅读任务

皮亚杰指出，"要让学生自己去获得、去发现、去尝试重建真理"。从整体来看，这个过程是学生自主探究学习的过程，也是建构主义学习的思路和原则。为此，在小学高年级整本书阅读教学的过程中，教师要依托 PBL 项目式教学思路的"驱动性问题"的任务导向，在备课的环节精心设计并延伸项目式学习的各个环节，精化准备过程，让学生明确每个环节的阅读任务，在任务驱动中推进学生在整本书阅读的角色体验中实现读思结合，进而实现有序阅读。

例如，《快乐读书吧》中提出的对《小英雄雨来》的整本书阅读教学中，从 PBL 项目式教学的准备环节入手，在明确阅读任务的过程中，教师可以采用"三步走"的教学策略：第一步，因材施教。这个过程需要教师事先做好学情分析，从小学高年级学生的学习特征和角色特点两方面入手深入了解当前学生在整本书阅读中的思维导向和认知水平，进而在"因材施教"的基础上建构弹性化的项目目标并做好机动化的项目准备，为接下来的"因势利导"做好知识和思想上的基础性工作。第二步，因势利导。这个过程是机动化的教学过程，教师在明确阅读目标的基础上引领学生从《小英雄雨来》的每个故事情节的阅读中去体会他成长的过程，在经历中捕捉其"成长"的因素，并在针对性剖析中抓住关键点进行深入阅读。第三步，以学定教。这个过程是学生"活动教育"的开展过程，也是"求真"和"学真"的过程，在真实性阅读中，教师及时把握学生阅读任务的完成情况，并在"以学定教"的思路导向中不断完善项目学习的准备工作，保障《小英雄雨来》的整本书阅读学到实处。

三、夯实项目实施，推进合作交流

《语文课程标准》中提倡学生从多角度开展有创意的阅读，充分整合探究性阅读和创造性阅读能力，在阅读反思和批判中拓展思维空间，提升阅读质量。为此，在小学高年级整本书阅读工作的开展中，基于PBL项目式"强化协作"的实施要求，积极建构"学习共同体"，推进学生与学习共同体中其他部分的合作，在知识共享、理解、交流合作中解决问题。要积极整合师生互动和生生互动下交流学习的经验和教训，在有序阅读中推进整本书阅读过程中各个环节的有效联系，在探究、沟通、创新和写作中强化对学生阅读行为的方法指导，在查找、整合和运用知识的过程中，强化学生的真实阅读，切实保护学生在阅读中的选择权和发言权，拓展阅读广度，在元素融入式和主题统整式等方式的阅读中实现知识的转化与融合。

例如，在《快乐读书吧》中对于意大利作家亚米契斯的日记体小说《爱的教育》的整本书阅读中，PBL项目式教学下"学习共同体"的构建和"强化协作"的实施要积极推进生本、师生和生生的合作交流，让整本书的阅读有深度、有广度、有力度。其一是生本阅读：这个过程是学生自读的过程，在整本书阅读中通过学生个性化的阅读和想象，在情感认知的基础上融入角色体验的阅读技巧，让学生在读思结合中形成个性化、独立化的认知和理解，并在相关资源的整合中提炼重要信息，实现整本书阅读的课程化、系统化的有效开展。其二是生生阅读：这个过程的实施源自于生本阅读的基础上，并在学生自主阅读中将提炼的观念和认知在交流中实现认知的同步和思想的共鸣，在个性化理解和批判性思维中将学生角度下对整本书的认知和理解进行分析和整合，这对于形成项目式教学过程中教学内容的整合化发展具有重要意义。其三是师生阅读：这个过程是将学生在生本阅读和生生阅读中总结的经验进行集中展示的过程，也是教师在融入自己理解的过程中，与学生共同学习、共同提升的过程。其中《爱的教育》的整本书阅读中，从学生的认知能力和认知水平上来看，他们一般习惯于片段式的理解，而对于整个文本的总结化分析的力度不够，同时在联系生活和拓展延伸方面的力度也有待加强，为此通过师生阅读可以将教师对于文本作品的理解情况进行简单的梳理，然后引领学生对比自己的理解，将师生阅读中不同地方的认知理念进行对比分析，及时整合其中的不同的意见和想法，合作交流中积极拓展阅读的宽度。

四、强化项目评价，促进课程整合

清代颜元指出："数子十过，不如奖子一长。"为此，在PBL项目式教学理念下"多学科知识的交叉"要注意在全方位、立体式、多元化的评价体系中促进小学高年级整本书阅读与多学科知识的完美组合，让文本教学走出课堂、走出文本，走向学生、走向生活。

例如，在《快乐读书吧》中小学高年级整本书阅读工作的开展过程中，基于PBL项目教学理念下学生整本书的阅读，要注意读前、读中和读后三个环节的科学评价。首先，从"读前"的目标定位上，教师要引导学生"跳出文本学文本""跳出语文学语文"，学生的阅读要跳出文本中情感和思路的控制和束缚，要认识到整本书的阅读线索可能是单线，也可能是双线，更可能是复线，在如今快餐化的阅读教学中，基于项目式的群文阅读可以有效地缓解读者的碎片化、跳跃式学习的问题，同时注意发掘和整合其他学科的知识元素，如音乐、美术、道德与法治等学科；其次，从"读中"目标的实现过程中，教师要从学生的摘抄本、随笔等各种不同形式的作品中看到读思结合的有效运用。其中，都是关于成长和经历的作品，都是折射作者儿时的痛苦和快乐的美好回忆，在欢喜与痛苦的情感冲击中，联系生活实际，让学生在"道德与法治"学科知识的整合中深入认识到千姿百态、瞬息万变的生活。最后，沿用"奖励为主，惩罚为辅，奖惩并用"的激励机制，对项目的完成情况进行科学评价，让学生在自我认知和查漏补缺中推进课程与课外阅读的科学整合，融合课内外阅读的机制，让阅读成为学生核心素养提升中一种资本。

五、展示项目成果，夯实学习成效

叶圣陶先生在关于语文学习方法中指出，"要从参考、分析、比较、演绎、归纳、体味中整理语言，并获得表达技能"。为此，PBL项目教学理念下"最终产品交流展示"的过程要建构对知识的理解、分析和共享，在交流和讨论中产生新的问题并不断发展进步。为此，小学高年级整本书阅读的教学过程中，要从联系上下文中参考文本的主要内容明确情感表达的基调，在分析和比较中理清故事的发展脉络，在演绎、归纳和体味中感知文本的思想主旨，并由此受到感染和激励，产生对美好生活的向往和追求。其中，PBL项目成果展示就是学生整本书阅读中知识、思路、结构、情感的梳理过程，也是在多元化解读中夯实学习成效的过程。

例如，在笛福《鲁滨逊漂流记》的整本书阅读过程中，PBL项目教学理念下"最终产品交流展示"主要从三方面进行：一是为何学，将学生个性化思想在阅读进行科学定位，让每个学生说出整本书阅读的原因、阅读过程中的体会、阅读后对于文本思想意义的理解。这里的"为何"是学生带着问题阅读的过程，也是整本书PBL项目式教学理念融入的精髓所在，学生在问题导向下的阅读会让学习有的放矢，在问题导向下的思考会让学习有条不紊，在问题导向下的成果展示会让学习成效一目了然。其中对于"鲁滨逊"这个主要人物的了解，有的学生说出自己阅读的原因是想看看他是如何完成"漂流"的，是不是一直在海上生活；有的学生指出自己阅读的原因是想了解鲁滨逊是怎样的一个人，然后联系当前的生活，看看能否在生活中找到他的影子；有的学生指出自己阅读就想了解一下鲁滨逊漂流的神奇经历，感知一下外面世界的精彩。二是学什么，定位学习目标，理清学习思路，让学习有的放矢。这本书的阅读过程中主要是学习鲁滨逊靠自己的智慧和勇敢在海外孤岛上艰难生活近三十年的故事，这个故事带着明显的传奇色彩，在学生整本书阅读的过程中，要引领学生明确自己学习的定位点，用一段话写出自己的阅读感受，展现学习成效，这个项目成果展示的过程也是学生自学能力培养和锻炼的起步阶段。三是怎么学，明确学习方法，定位学习重点，让学习过程有条不紊。首先要让学生认识到 PBL 项目下的教学不是讲授式的教学，更不是书本化的框架式教学，项目成果的展示主动权要交给学生，在学生自主探究问题的设置、思考和解决的过程中，让分析、比较、演绎、归纳和体味等学习方法得到恰当及时地运用，让学生在分析鲁滨逊漂流中遇到的困难，思考如何解决这些难题，在针对性地梳理鲁滨逊的主要经历过程中，展现学生对文本语言、故事情节、情感融入、思想主旨等多元化信息的深入理解，夯实学习成效。

　　总之，随着新课改的深入发展，基于 PBL 项目式教学理念下小学高年级整本书的阅读教学中，教师要注意明确项目目标的定位，精化项目目标的各项准备环节确保"好钢用在刀刃上"，让学生在深度阅读中有效阅读，积极夯实实施过程的有效性；同时，教师还要强化项目学习成果的科学评价，从读前、读中和读后三个环节入手，积极推进高年级整本书阅读工作的可持续开展。此外，教师还要注意学生核心素养的提升与 PBL 项目式阅读的科学融合，要让学生在读前导引、读中讨论和读后展示的各个环节中强化学生思维能力的培养和锻炼，推进学生去自主解决问题，去深入认知团队合作的重要作用，去运用高科技手段在整本书阅读中进行系统化的自我管理，节约大量的人力、物力和财力，在有的放矢、有条不紊的教学设计中让 PBL 项目式教学理念下小学高年级整本书的阅读能力实现显著提升。

参考文献

[1] 王慧慧. 基于项目式学习模式的小学高年级阅读书目研究 [J]. 语文天地, 2021(06):28-29.

[2] 王清香. 项目式学习视域下的整本书阅读 [J]. 四川教育, 2021(12):26-27.

[3] 王翠凤. 运用项目式学习优化小学语文阅读教学的路径探索 [J]. 文科爱好者(教育学), 2021(02):165-166.

[4] 陈武. 小学语文项目式阅读的实施困境与对策 [J]. 教学与管理, 2021(05):56-59.

[5] 李莉. 项目式学习对小学生阅读能力的提高分析 [J]. 中国校外教育, 2020(06):47-48.

　　此论文《有的放矢，有条不紊——浅谈 PBL 项目式教学理念下小学高年级整本书阅读的有效策略》荣获 2021 年广西小学优秀教育成果一等奖。

浅谈基于单元整合下 "1+X" 阅读教学的有效策略

南宁市桂雅路小学　宗菲菲

【摘要】阅读是语文课的重要组成部分，是锻炼学生语文核心素养的关键。然而，传统单篇幅阅读指导的模式局限性强，学生对教师存在过度的依赖性，课堂幸福指数低，致使他们容易产生消极情绪。改良传统阅读方案，采取 "1+X" 单元整合阅读教学模式，为学生塑造不一样的阅读体验情境，不但可以改变学生以往的阅读态度，更利于他们在互动中掌握科学的阅读技巧。

【关键词】小学语文　单元整合　"1+X" 阅读教学　教学研究

语文教学重在 "听说读写"，其中 "读" 即是 "阅读"，对锤炼学生的思维能力与核心素养有着重要的意义。采取何种阅读方法，如何提高阅读水平，始终是广大语文教师不断追求的课题。这样的背景下，深挖单元整合型 "1+X" 阅读教学，更具时代意义。"1+X" 阅读教学，即是在一节课中讲解一个文本，然后基于文本主题附着多篇文章及知识点探索的教学模式。将单元整合与 "1+X" 结合在一起，可以更有效地突出 "1+X" 的功能，让阅读课更加完整饱满。然而，在实际的教学中，由于个别教师认知不足，经验缺乏，导致他们在围绕该主题开展阅读指导时顾此失彼，指导手段换汤不换药，仅仅是流于其表，学生依然没得到有效指导。针对这个现状，深入探究单元整合下的 "1+X" 阅读教学模式，革新教学方案，无疑是摆在我们面前的重点。

一、关联单元阅读文本，重置课堂目标

教学目标是有关教学将促进学生在学习方面达到何种程度与变化的表述，是教学期间希望学生可以达到的一种学习成果。在课堂中，目标发挥着非常重要的作用，所有的教学活动都要以目标作为导向，且围绕实现目标而进行。在引入单元整合型 "1+X" 阅读教学模式期间，随着单元阅读文本间的关联，相配置的课堂目标也会发生相应的改变。此时，如何设计课堂目标，如何确保目标符合当前学生的发展需求，还需我们认真思考。

以课文《富饶的西沙群岛》为例，我从文章中提炼关键词 "风景"，以此关键词为出发点，顺势导入文章《海滨小城》和《美丽的小兴安岭》。在这里，《富饶的西沙群岛》即是 "1"，而另外两篇文章则是衍生而出的 "+X"。这几篇文章都与风景有关，但又采用不同的创作手法刻画了不同的风景面貌，所以读的时候让人心驰神往，不知不觉地沉浸在其中。

在关联阅读文本之后，我们要立足学情，以阅读材料为参照，合理重置课堂目标，明确学习方向。如下：

1. 通过阅读《富饶的西沙群岛》了解如何书写风景类的记叙文，感受祖国大好山河的优美与壮阔。

2. 通过对比阅读《海滨小城》与《美丽的小兴安岭》，捕捉各自的行文特色与亮点，并在统合知识的同时形成完整的认知结构。

3. 剖析三篇文章的创作背景，分析文章的内涵与创作艺术，并结合现实生活展开"听、说、写"三个方面的训练。

在完成任务的重置后，我们需要将"1"展示在课堂中，然后引出"+X"的部分，以此让阅读活动顺利展开。其间，为了增强课堂的代入感，提高学生的积极性，我们需要合理使用电教设备，塑造直观情境。这样一来，能让学生在多维度的阅读对比中形成更为强烈的思维冲击。

二、关联阅读文本信息，拓展课堂广度

单元整合型"1+X"阅读教学更像是一种对比式的阅读，它能让学生的思维在碰撞中更进一步地把握各自的亮点。如此一来，不但会带给学生异样的阅读体会，而且可以促进学生美学思想的提升。而在具体的教学中，我们可以将阅读划分为三个点，逐步递进，循序展开。

（一）在阅读中剖析写作手法

写作手法，即是文章的一种表现手法，例如记叙文、应用文等。小学语文教材中包含了许多的记叙文，不但内容充实饱满，而且适合小学生阅读。譬如《富饶的西沙群岛》《海滨小城》《美丽的小兴安岭》三篇文章，都是建立在记叙文写作手法之上的。而在读的过程中，我们首先要完成对《富饶的西沙群岛》的阅读，随后再延伸探索，启发学生读另外两篇。

在剖析《富饶的西沙群岛》的写作手法期间，我们需要帮助他们进一步了解记叙文的基本特征，再以此为前提，深入分析这篇文章的独特亮点。如：文章开头总结全文，中间详细描述，结尾再次总结全文，形成了"总 + 分 + 总"的独特格局。那么，这样的写作手法到底有哪些好处呢？首先，开头单刀直入地描述了西沙群岛的美，令人不知不觉地心驰神往；其次，在中间部分详细描述美在哪里，这里作者又对海面、海底、路上等区域进行了单独的描述，成功反馈了开头所提到的"美"；最后，再次总结西沙群岛的美，并揭示"岛上的英雄儿女必将使西沙群岛变得更加美丽和富饶"，让"美"得到了升华，既体现了风景之美，也体现了勤劳智慧的中国人的美。

在延伸阅读《海滨小城》和《美丽的小兴安岭》时，由于两篇文章同样是对风景、地域之美的刻画，所以我提醒学生"观看这两篇文章时，思考一下它们是如何刻画'美'的，在写作结构上又具备哪些亮点"。譬如《海滨小城》，这篇文章是建立在由远及近的结构之上的，即是先刻画海面、海滩，再刻画海滨小城的街道与公园等地，赋予了文章极强的层次性。与《海滨小城》相比，《富饶的西沙群岛》则以单体描述为前提，再以总结的方式呈现出西沙群岛之美。虽然二者的结构风格并不相同，却呈现了不一样的"美"。

（二）在阅读中感受语言风格

不同的人写出的文章有着不同的语言风格，在"1+"阅读的背景下展开阅读教学，可以让学生在对比中感受不一样的语言风格，这样不但可以加深他们对文字的体验和感受，同时还能促使他们把握文章的思想内涵。不过，小学生综合水平薄弱，我们还要在阅读中合理采用对话进行引导。

以《富饶的西沙群岛》为例：这篇文章语言优美、简洁，总能一针见血地刻画出每个事物的"美"。

例句——"西沙群岛一带海水五光十色，瑰丽无比：有深蓝的，淡青的，浅绿的，杏黄的。一块块，一条条，相互交错着。"

这段文字用词巧妙、精湛，以一种简练的方式简洁衬托出华丽的氛围。各种颜色相互交错，极具画面感，会让人在读的瞬间，快速地在脑海中构建出相应的画面。此时，我们可以顺势利用电教设备播放视频资料，以此为学生提供身临其境的体验感。

而在阅读《美丽的小兴安岭》时，我们可以有的放矢地要求学生将此文与上面的文章进行对比，剖析各自语言的亮点。

师：两篇文章的语言风格各具特点，比如在修辞手法方面，它们各自使用了哪些修辞手法？

生：《富饶的西沙群岛》中运用了设问、夸张和排比的修辞手法，而《美丽的小兴安岭》中则使用了比喻和拟人之类的修辞手法。

师：这些修辞手法各具什么特点？

生：排比的手法可以加强语势的效果，让文字更有说服力，而拟人或比喻的修辞手法能让文字看上去更加鲜活，具有生命力。

师：这些修辞手法的使用带给了同学们哪些不一样的感受？如果大家在书写景物类的记叙文时，会如何运用这些修辞手法？

生：……

就这样，在你问我答之间，学生逐步了解了两篇文字的语言风格。而在此基础上，我又要求学生对《海滨小城》的语言风格展开合理的分析，由此点燃课堂氛围，全面提升学生的阅读体验。

（三）在阅读中剖析文章背景

分析文章的创作背景是比较重要的一个阅读环节，它可以帮助学生更清晰地捕捉文章的内涵与思想。当然，以往也会有一些教师鼓励学生探索文章背景，但小学生综合水平有限，且没有属于个人的智能手机，他们在课堂中又该如何去自主探索呢？所以，我们应该客观认知学生的学情，然后以讲故事的方式将不同作品的创作背景予以阐述，以此带给学生不同的感受。

如《海滨小城》，作者在创作这篇文章时背井离乡，在看到眼前的都市时想起了自己的家乡，所以通过介绍家乡海滨小城美丽的景色来体现自己对家乡的怀念与热爱之情。《富饶的西沙群岛》是作者在看到西沙群岛的美丽景色，以及驻守在西沙群岛上的军人后写下的。她所表达的不单单是西沙群岛的美，更是中国军人的美，她将两种美刻画在一起，形成了相得益彰的感觉。

最后，可以将《美丽的小兴安岭》的创作背景介绍给学生（包括历史背景与作者的人物信息），然后鼓励学生结合背景及之前捕捉到的线索与细节分析此文的创作内涵。带着经验进行探索，可以帮助学生快速找到切入口，并让他们的思路更为清晰、敏捷。

三、关联多种能力训练，丰富课堂内容

单元整合型"1+X"阅读教学不单单是阅读文本的整合，同时也是训练内容的整合。因此，我们需要关联多种能力的训练措施，促使学生在"写""说"等能力方面均得到提升。譬如，在读完《海滨小城》与《富饶的西沙群岛》时，可以组织学生展开语言表达方面的训练。例如：以家乡的某个景区，或者是自己熟悉的某个地区为案例，用口语的方式进行描述。为了调动学生的积极性，我还会随机演说数句，以此做到抛砖引玉。而在学生表达的时候，我们需要认真聆听，并在恰当的时间段给出一语中的的点评。

在学生完成语言表达之后，我们可以进一步组织他们梳理语言，将口语转化为文字，撰写 100—200 字的短文。其间，我鼓励他们使用修辞手法，并正确运用词语、成语等，以此锻炼他们正确书写的意识。通过反复的尝试，学生会逐步在读的同时获得口语和写作的训练，从而促进他们语文能力综合提升，并为他们以后的语文学习埋下重要的伏笔。

当然，单元整合下的"1+X"阅读教学的模式是灵活多变的，我们还可以在课堂中适当地融入其他教学模式，例如分层教学、任务驱动学习、情境教学法等等，以此丰富学生的课堂体验，优化他们的学习感受。而且，随着他们综合水平的不断提升，我们还可以适当地构建一些有趣的训练活动，并融入竞争机制，以此激活学生的好胜心，让他们在角逐中激发潜能。

总之，深入开发单元整合下的"1+X"阅读教学模式，缔造与众不同的学习情境，可以有效改变学生对阅读的刻板认知，促使他们更全面地感受文字的艺术魅力与情趣。但值得我们注意的是：没有任何一种教学手段能长期有效，变革是客观存在的。因此，随着学生语文阅读能力及意识的逐步提升，我们也要对单元整合下的"1+X"阅读教学措施进行科学的整改与创新，由此持续带给学生不同的阅读体验，满足他们对新鲜感的追求。

参考文献

[1] 雷红艳. 小学语文阅读教学中细节优化的策略浅析 [J]. 内蒙古教育，2019（09）：93-94.
[2] 张燕萍. 小学语文"1+X"群文阅读教学应用探究 [J]. 学苑教育，2021（05）：7-8.
[3] 管彬彬. 部编版小学语文"1+X"单元整合阅读教学模式研究 [J]. 考试周刊，2020（01）：36-37.

此论文《浅谈基于单元整合下"1+X"阅读教学的有效策略》荣获 2021 年广西小学优秀教育成果二等奖。

《黄鹤楼送孟浩然之广陵》教学设计

南宁市桂雅路小学　　宗菲菲

一、理解诗题，了解诗人

（一）揭示课题

师：今天我们一起来学习大诗人李白写的一首送别诗。读课题。

（二）理解课题，识写"陵"字

1. 读了诗题，你了解到什么信息？

相机总结：诗题写了地点、人物和事情。"之"是什么意思？

2. 连起来说诗题的意思。

3. 广陵，识写"陵"字，师范写，生书写。

师：广陵在哪里？（这位同学能结合诗句来理解，你真会学习。）陵是本课的生字，这是一个左右结构的形声字，左边左耳旁是形旁，表示高低起伏的地势。右边的夌字是声旁，像一个抬脚跨越的人。写这个字需要注意什么呢，谁来提醒大家？老师先来写，请注意观察，写的时候注意左窄右宽，留出位置给夌字，下面的横撇，捺要写得舒展一些。你们也在田字格里写一写吧！生书写。

二、读准字音，把握节奏

（一）自由读诗

师：李白用四行诗二十八个字，记录下这"千古一别"。请同学们自由读诗，读准每个字音，把每句诗都读得流利、响亮。

（二）检查正音

评价：这一课有 5 个生字，谁来读一读，每个生字读一遍。去掉拼音读，全班读。谁能读一读整首诗呢？

（三）把握节奏

师：读诗除了字正腔圆，还要把握节奏，这首诗的节奏是怎样的呢？请一个人读，然后齐读。

三、自学交流，体会诗意

（一）回顾方法

师：学习古诗，除了读准音，读出节奏，我们还要读出诗的韵味，那就要先了解诗句的意思。

平时大家是怎么理解诗句的，有什么好方法呢？（注释、查工具书、看画面、互相交流，想象……）

（二）合作学习

师：请同学们用自己喜欢的方式读，看看你能读懂什么，又有什么疑问呢？

师：把你们的想法用1分钟在4人小组里交流交流吧。（走下去指导意思）

（三）解疑答惑

1.师：谁来和我们交流一下，你读懂了什么？

2.师：谁有什么疑问呢？

3.西辞。出示图片。孟浩然的船要向东，所以向西边辞行。

4.烟花三月。

师："烟花"现代是什么意思？古代呢？看注释，花儿繁茂，如浮动的烟云。

烟花三月，你的脑海里浮现出怎样的画面？

PPT出图，烟花三月是一番怎样的美景呢？让我们一起走进烟花三月的扬州。

师：这样的美景，我们可以用哪些词语形容呢？

PPT出填空，（　　　　　　）的三月下扬州

师：这些词语太美了，让我们把这些词带到诗句中读一读吧！

师：读着读着，你是否还想到了这些描写春景的诗句呢？

5.师小结：我们要善于激活原来积累过的一些词语和诗句，用它去解读正在学习的诗句。

同学们，展现在我们眼前的是一片多么灿烂、多么绚丽的景色啊！读诗句。

过渡：刚才我们通过交流分享了解故事的诗意，学习古诗，了解诗意下一步还要感悟诗歌的情感。

四、反复吟诵，品悟诗情

（一）一诵，感离别之情

1.抓重点词语理解并体会诗人情感

师：请同学们读一读，从诗中找出最能体现诗人情感的句子，用笔画下来。

学生汇报所画句子。

师：同学们自己读一读这两句，你体会到李白此刻是怎样的一种心情呢？

师：诗中哪个字、词让你感受到李白的这种离别之情呢？

（1）"尽"：

师：是啊，这里的尽是消失的意思，孤帆消失了，李白还在看。读出你的体会。

（2）"唯"：

师：唯见就是只见，只见什么？（浩浩荡荡的长江水向天边流去）李白的心流
　　向孟浩然离去的方向。读出你的感受吧！

（3）"孤帆"：据老师了解，1200年前的唐朝，长江是一条重要的水上通道，每天来
　　来往往的船只不可计数，应该是千帆竞发才对，怎么会是孤帆呢？你们是怎么想
　　的呢？

师："单独"，除了"单独"的意思，还有什么意思呢？你是李白的知音，他
　　心里的这份孤独你都能感受到，你来读！

师：一个"孤"字用得多好哇，"读书须用意，一字值千金"。像这样的文字，
　　我们要好好去体味。让我们一起来读出诗人的不舍和孤独。（板书：孤帆
　　不舍）

2.感情吟诵

全班齐读。

过渡：孟浩然的船帆消失了，但什么不会消失？——他们之间的深情厚谊。

（二）二诵，品情谊之深

1.引入故事

师：为什么他们的情谊如此深厚呢？我们一起走近他们，深入地了解他们——

2.想象李白的内心

师引读：白帆随着江风渐渐远去，李白依然伫立在江边——；一分钟过去了，
　　十分钟过去了，半个小时过去了，白帆已经消失，李白依然伫立在江边——

师：李白长时间地伫立在那里，思绪万千的他心里在想些什么呢？

PPT出示练习说话

3.想象写话

师：同学们，把你们想到的写下来。

4.感情吟诵

引读升华情感：李白想起了他们把酒言欢、吟诗作乐的一幕幕往事——他还想到了今朝一
别，不知何日再相见——他更想着天长地久有时尽，此情绵绵无绝期——指导"天—际—流"。

（三）三诵，抒豁达之怀

1.播放长江奔流的视频

师：好一个惟见长江天际流（板书：长江）

师：同学们看这就是长江之水奔流到海的景象。看到这样的景象，你想说些什么？

2.介绍李白诗风的特点

师：李白，我国唐代著名的浪漫主义诗人，被誉为诗仙，出示诗句读，他写的诗想象丰富——他写的诗清新飘逸——他写的诗豪迈奔放——这样一位豪迈奔放的诗人在送别友人的时候，不只是难过和不舍，更多的是一种希望和祝福。（板书：祝福）会祝福他——祝福他——祝福他——

3.感情吟诵。让我们把祝福送给孟浩然吧——

五、感悟写法，感情吟诵

（一）总结写法

师：这首诗李白通过孤帆、长江抒发了作者不舍、祝福的情感，这种写作方法叫作（板书：借景抒情。）

（二）吟诵古诗（配乐读）

1.老师范读古诗

师：朋友已经远行，从此人海茫茫，天各一方，但我们的友谊就像这滚滚长江永世不绝。

2.全体学生读

师：（全班起立）让我们也一起随着李白伫立在江边，凝视着远方，再送一送孟浩然吧！

小学语文统编教材六年级下册第一单元

《北京的春节》（第二课时）

——南宁市 2020 年春季空中课堂教学视频脚本

南宁市桂雅路小学　宗菲菲

【教学目标】

1. 深入学习课文详细描写的腊八、腊月二十三、除夕、正月初一和正月十五等部分内容，体会作者的写法：抓住最具特色的一两个民俗活动，依据要表达的重点意思，细致描写。

2. 进一步感受文章中心，感悟文中描写的腊八、腊月二十三、除夕、正月初一和正月十五这几天，不仅展现了"忙碌、热闹、喜庆、团圆"的北京春节气氛，更展现了作者笔下中国节日习俗的温馨和美好，感受老舍先生对中国节日习俗的认同和喜爱。

3. 进一步感悟文章要依据重点表达的意思确立内容的主次和进行详略处理。

【教学重点】

1. 感受作者紧扣春节忙碌、热闹、喜庆、团圆的气氛，抓住最具特色的一两个民俗活动详细描写以突出文章中心的写法。

2. 进一步感悟文章要依据重点表达的意思确立内容的主次和进行详略处理。

【教学难点】

感受作者笔下中国节日习俗的温馨和美好，感知作者对老北京春节习俗的认同和喜爱。

【教学流程设计及拍摄脚本】

（一）旧知回顾，新课引入

1. 视频画面：教师讲述

同学们大家好，很高兴大家来到空中课堂，我是来自南宁市桂雅路小学的宗菲菲老师，这节课将由我和大家一块儿学习。上节课，我们初步学习了《北京的春节》这篇课文。

2. 视频画面：

时　间	习俗活动	内容主次	详略处理
腊八	熬腊八粥，泡腊八蒜，上年货摆摊	主要内容	详写
腊月初九至腊月二十二	孩子：买杂拌儿，买爆竹，买各种玩意儿；大人：预备过年的物品	次要内容	略写
腊月二十三	祭灶王	主要内容	详写
腊月二十四至除夕前	大扫除，把吃的准备充足	次要内容	略写
除夕	做年菜，穿新衣，贴对联，贴年画，灯火通宵，放鞭炮，吃团圆饭，祭祖，守岁	主要内容	详写
正月初一	全城休息，男人拜年，女人待客	主要内容	详写
正月初五初六	铺户开张，逛庙会、逛天桥、听戏	次要内容	略写
正月十五	处处悬灯结彩，放花炮，吃元宵	主要内容	详写
正月十九	春节结束	次要内容	略写

教师画外音：在这篇文章里，老舍先生以时间为线索，描写老北京人过春节的各种民俗活动。其中详细描写了腊八、腊月二十三、除夕、正月初一和正月十五这几天。

3. 切换视频画面：教师讲述

从上节课的学习中，作者之所以详细描写这几天，是因为：这几天里，人们的活动最能表现北京过春节的独特习俗和春节气氛。但仅仅是这个原因吗？今天这节课，我们再次走进老舍先生详写的这五天，进一步学习，看看作者详写这几天的活动，还有什么原因？又是怎么写具体的呢？

（二）深入感受作者表达中心，深入体会作者的篇章布局

1. 视频画面：

时　间	段　落	习俗活动	气　氛
腊八	1、2、3	熬腊八粥，泡腊八蒜，上年货摆摊	忙碌
腊月二十三（小年）	6	祭灶王	忙碌

续表

时　间	段　落	习俗活动	气　氛
除夕	8	做年菜，穿新衣，贴对联，贴年画，灯火通宵，放鞭炮，吃团圆饭，祭祖，守岁	团圆、热闹
正月初一	9、10	店铺关门，男人拜年，女人待客，逛庙会	喜庆
正月十五（元宵）	12、13	处处悬灯结彩，放花炮，吃元宵	喜庆、热闹

教师画外音：老北京的春节给我们留下的总体印象是忙碌的、热闹的、喜庆的、团圆的，但每个时段给我们的感受还是有不同的。我们一起来读读文中描写"腊八、腊月二十三、除夕、正月初一和正月十五"这五天的内容，想一想，每个时段给你感受到的最突出的节日气氛是怎样的。读完后，选一两个词填在相应的空格里。每一个节日给同学们一定时间默读和思考。

2. 视频画面：【依据"腊八、腊月二十三、除夕、正月初一和正月十五"这五个时间段，分别出示相关段落内容的五个画面，7幅画面停留时间含学生自读和思考的时间。（半分钟、半分钟、半分钟、半分钟、一分钟、一分钟、半分钟）】

3. 视频画面：

时　间	段　落	习俗活动	气　氛
腊八	1、2、3	熬腊八粥，泡腊八蒜，上年货摆摊	忙碌
腊月二十三（小年）	6	祭灶王	忙碌
除夕	8	做年菜，穿新衣，贴对联，贴年画，灯火通宵，放鞭炮，吃团圆饭，祭祖，守岁	团圆、热闹
正月初一	9、10	店铺关门，男人拜年，女人待客，逛庙会	喜庆
正月十五（元宵）	12、13	处处悬灯结彩，放花炮，吃元宵	喜庆、热闹

教师画外音：好的，时间到了。你填对了吗？我们一起来看看。老舍先生描写腊八节和小年时，突出的是"忙碌"的节日气氛；写除夕和元宵节这两个重要的日子，除了描写共同的特点——热闹外，除夕更突出的是团圆，而元宵更突出的是喜庆。而同样是喜庆，元宵则比年初一更为热闹。

4. 视频画面：教师讲述

请你再次读读这些段落，进一步感受一下在这些独具年味的习俗活动中，那忙碌、团圆、热闹、喜庆的节日氛围。边读边想一想：作为一个老北京人，在这些字里行间，老舍先生流露出的又是一种怎样的情感呢？同样每个节日的内容给同学们一些默读思考的时间。

5. 视频画面：

【依据"腊八、腊月二十三、除夕、正月初一和正月十五"这五个时间段，分别出示相关段落内容的五个画面，每幅画面停留时间为学生自读时间。（半分钟、半分钟、半分钟、半分钟、半分钟、半分钟、半分钟）】

6. 视频画面：教师讲述

是呀，这忙碌、团圆、热闹、喜庆的北京春节习俗的背后，是人们对生活温馨与美好的期盼和祝福，是老舍先生对中国节日习俗的认同和喜爱。这也是这篇文章要表达的中心和重点，所以这几部分内容老舍先生进行了详细的描写。由此可知：文章主要写什么，次要写什么，是根据作者想要重点表达的意思决定的。

（三）感受作者的表达形式，深入体会文章的写法

1. 视频画面：

时 间	段 落	习俗活动	气 氛
腊八	1、2、3	熬腊八粥，泡腊八蒜，上年货摆摊	忙碌
腊月二十三（小年）	6	祭灶王	忙碌
除夕	8	做年菜，穿新衣，贴对联，贴年画，灯火通宵，放鞭炮，吃团圆饭，祭祖，守岁	团圆、热闹
正月初一	9、10	店铺关门，男人拜年，女人待客，逛庙会	喜庆
正月十五（元宵）	12、13	处处悬灯结彩，放花炮，吃元宵	喜庆、热闹

教师画外音：让我们再次聚焦这几个节日，每个时段都有很多的活动。再看看这个表格，你发现老舍先生在选择这几个重要日子中的民俗活动上，有什么共同的地方？

2. 视频画面：教师讲述

大家会发现，即使是详写的这几天，老舍先生也不是每项活动都铺开来写，而是只选这些重要日子中的一两个民俗活动来写，这样才更突出中心，更好地让别人了解自己想表达的意思。

3. 视频画面：

时　间	段　落	习俗活动	气　氛
腊八	1、2、3	熬腊八粥，泡腊八蒜，上年货摆摊	忙碌
腊月二十三（小年）	6	祭灶王	忙碌
除夕	8	做年菜，穿新衣，贴对联，贴年画，灯火通宵，放鞭炮，吃团圆饭，祭祖，守岁	团圆、热闹
正月初一	9、10	店铺关门，男人拜年，女人待客，逛庙会	喜庆
正月十五（元宵）	12、13	处处悬灯结彩，放花炮，吃元宵	喜庆、热闹

教师画外音：老师重新用不同的颜色在表格中标注了一下，你又发现了什么？

4. 画面视频：教师讲述

对的，即使是突出同一种节日氛围，但在民俗活动的选择上也是不同的。作者只突出写最具特色的。

5. 视频画面：

时　间	段　落	习俗活动	气　氛
腊八	1、2、3	熬腊八粥，泡腊八蒜，上年货摆摊	忙碌
腊月二十三（小年）	6	祭灶王	忙碌
除夕	8	做年菜，穿新衣，贴对联，贴年画，灯火通宵，放鞭炮，吃团圆饭，祭祖，守岁	团圆、热闹
正月初一	9、10	店铺关门，男人拜年，女人待客，逛庙会	喜庆
正月十五（元宵）	12、13	处处悬灯结彩，放花炮，吃元宵	喜庆、热闹

教师画外音：你看，同样是表现节前的忙碌，写腊八节，作者重点讲述了人们忙着"熬腊八粥""泡腊八蒜""上年货摆摊"，而写小年，则是选择了"祭灶王爷"这个活动；同样是热闹，除夕，作者选的是吃团圆饭，祭祖，在家守岁，展现出了一幅辞旧迎新、阖家团圆的全景图，而元宵，选的则是吃元宵，外出赏灯，描绘的

是街上处处悬灯结彩、火炽而美丽的场面；同样要表现喜庆，初一表现的是逛庙会的喜庆，元宵则是赏花灯的喜庆。因此，重点写最具特色的一两个活动，给人印象更深，更突出文章的中心。

6. 视频画面：教师板书

抓民俗特色中心突出

7. 视频画面：教师讲述

怎么把这些最具特色的活动写具体呢？我们一起进入课文寻找老舍先生的写作密码。

8. 视频画面：教师讲述

我们先来看看课文第一和第二自然段的腊八，同样是写腊八饮食习惯，老舍先生重点描绘了"腊八粥"和"腊八蒜"，但描写的角度和要表达的意思还是有不同的。你发现了什么？

9. 视频画面：

【出示课文1—2自然段，留足学生阅读思考的时间（半分钟）】

10. 视频画面：教师讲述

这两段，写的都是节日的饮食，写"熬腊八粥"，老舍先生想要重点表达的是"熬腊八粥"这一饮食习惯背后，人们对丰年喜庆的祝福，所以重点介绍的是熬煮的丰富的食材；写"泡腊八蒜"，则是想表现人们生活的美好，所以从制作过程和颜色味道上介绍和描绘。因此，抓住想要表达的重点从不同角度细致描写，是把主要内容写详细的一个好方法。像这样的例子，在课文里可多了，同学们课后可以进一步体会。

11. 视频画面：教师讲述

从老舍先生的描绘中，我们知道：除夕是热闹的，更是团圆的。

12. 视频画面：

时　间	段　落	习俗活动	气　氛
腊八	1、2、3	熬腊八粥，泡腊八蒜，上年货摆摊	忙碌
腊月二十三（小年）	6	祭灶王	忙碌
除夕	8	做年菜，穿新衣，贴对联，贴年画，灯火通宵，放鞭炮，吃团圆饭，祭祖，守岁	团圆、热闹
正月初一	9、10	店铺关门，男人拜年，女人待客，逛庙会	喜庆
正月十五（元宵）	12、13	处处悬灯结彩，放花炮，吃元宵	喜庆、热闹

教师画外音：这一部分习俗活动的描写和刚才读的"熬腊八粥""泡腊八蒜"等饮食习惯的描写又有什么不同呢？我们一起读读写除夕的这个自然段，你有什么发现呢？给大家一点默读思考的时间。

13. 视频画面：

【课文第 8 自然段内容，留给学生阅读思考的时间（半分钟）】

教师画外音：

（1）这一段表达的特别之处，一是为了表现热闹团圆这一重点，作者写了除夕人们各种各样的活动。选取的"做年菜，穿新衣，贴对联，贴年画，灯火通宵，放鞭炮，吃团圆饭，祭祖，守岁"等这些活动所描绘的画面，构成了一幅家庭全景图。表现的不仅是热闹，更是阖家的团圆；二是因活动多，每个活动都采取简要概述方式，不赘述，突出中心。这也是把主要内容写详细的一个好方法。

（2）让我们一起把这一处精彩的文段读一读吧。

（3）教师和学生一起朗读课文第 8 自然段。

14.视频画面：教师讲述

告别了热闹的除夕，我们一起看看老舍先生在描写正月初一和元宵节，这两个部分内容作者又是怎样详细写的呢，也隐藏了一个写作密码。我们一起去寻找吧。

15.视频画面：

时 间	段 落	习俗活动	气 氛
腊八	1、2、3	熬腊八粥，泡腊八蒜，上年货摆摊	忙碌
腊月二十三（小年）	6	祭灶王	忙碌
除夕	8	做年菜，穿新衣，贴对联，贴年画，灯火通宵，放鞭炮，吃团圆饭，祭祖，守岁	团圆、热闹
正月初一	9、10	店铺关门，男人拜年，女人待客，逛庙会	喜庆
正月十五（元宵）	12、13	处处悬灯结彩，放花炮，吃元宵	喜庆、热闹

教师画外音：老舍先生在描写正月初一写了四个民俗活动：全城休息，男人拜年，女人接客和逛庙会，但在内容主次和详略安排上，老舍先生也做了处理。请你读读课文第9、10自然段写初一的这一部分，看看作者详写了哪个民俗活动。

16.视频画面：

【课文第9、10自然段"初一"，留出阅读和思考的时间（半分钟）】

教师画外音：是的，老舍先生描写这四个节日活动时，对"逛庙会"做了详细的描述，表现出了正月初一的喜庆，同学们想不想也逛一逛庙会呢？我们一起去看看吧。

17.视频画面：【逛庙会的视频】

教师画外音：详写逛庙会让喜庆的气氛跃然纸上。同样老舍先生在描写元宵节这一天时，写了人们的三个主要民俗活动：悬灯结彩，放花炮，吃元宵。但在内容主次和详略安排上，老舍先生也做了处理。请你读读课文第12、13自然段写元宵的这一部分，作者花的笔墨一样多吗？

18.视频画面：

【课文第12、13自然段，留出阅读和思考的时间（半分钟）】

教师画外音：是的，老舍先生描写这三个节日活动时，对"处处悬灯结彩"的场面做了详细的描述，而"放花炮""吃元宵"则只蜻蜓点水一笔带过。你知道为什么吗？再读读想想。

19. 视频画面：

【课文第12、13自然段，把描写悬灯结彩的文句变红】

教师画外音：透过这些变红的文字，你除了感受到一种节日的热闹和喜庆外，你还感受到了什么呢？

20. 视频画面：教师讲述

在这处处悬灯结彩的场面中，我们感受到的不仅仅是节日的热闹和喜庆，更是老舍先生想让我们看到的，场面的火炽而美丽，想表达的是人们生活的快乐和美好。同学们再来看里面描写灯的这两个句子，同样都是写灯，第一句写的是店铺的灯，第二句写的是家里的灯，表达却不一样，你有什么发现呢？描写店铺的灯作者用了一组排比句，从"有的，有的，有的，还有的"看得出来，其中标红的这4个词也很有意思，你发现了吗？这几个词意思差不多，所以我们在写作时可以用不同的词语表达同一个意思，这样语言就更丰富了。

21. 视频画面：

时　间	段　落	习俗活动	气　氛
腊八	1、2、3	熬腊八粥，泡腊八蒜，上年货摆摊	忙碌
腊月二十三（小年）	6	祭灶王	忙碌
除夕	8	做年菜，穿新衣，贴对联，贴年画，灯火通宵，放鞭炮，吃团圆饭，祭祖，守岁	团圆、热闹
正月初一	9、10	店铺关门，男人拜年，女人待客，逛庙会	喜庆
正月十五（元宵）	12、13	处处悬灯结彩，放花炮，吃元宵	喜庆、热闹

教师画外音：同学们，我们回头看描写初一和元宵的部分，即使是详写一个主要内容，当有多个活动时，我们也可以根据要表达的重点意思进行详略处理，抓其中主要内容进行详细描写，突出中心。

（四）结课谈话，引导课外阅读与探究

1. 视频画面：教师讲述

今天我们继续学习了《北京的春节》这篇课文，我们不仅透过老舍先生的文笔看到了一幅老北京的民俗画卷，感受到了中国节日习俗的温馨和美好，我们更懂得了如何依据要表达的中心，确立内容的主次，篇章的详略处理，还感悟到一些将主要内容写详细的方法。同学们收获多多呀。

"百里不同风，千里不同俗。"同样是写春节民俗，每个人要表达的中心不同，所选择的民俗和描写的内容也就不同。

2. 视频画面：

【课后阅读链接文章，留出阅读和思考的时间（半分钟）】

请同学们读读斯妤的这篇文段，看看同样描写除夕，斯妤笔下的除夕和老舍先生描绘的除夕，在画面内容和写法上又有什么相同和不同呢。给大家一些时间默读和思考。

教师画外音：老舍写的是北京春节的除夕，斯妤写的是闽南春节的除夕，两地习俗各有不同，但传达的都是喜庆与热闹，但斯妤在期间有详细描写了自己的一家人是怎么过除夕的情景，在喜庆热闹中还传达出一种浓浓的亲情。

老舍先生写除夕年夜饭时只用了一句"家家赶做年菜，到处是酒肉的香味"一笔带过；斯妤呢，则是详细罗列了系列闽南特色菜肴。

3. 视频画面：教师讲述

《过年》梁实秋　　《异乡记》张爱玲　　《过年》丰子恺　　《忆湘西过年》沈从文

课后大家还可以看看这些文章，了解更多地方的习俗，感受中国节日习俗的温馨和美好。好了，这节课我们就上到这里，同学们再见！

教学案例

板书设计：

《饮湖上初晴后雨》教学实录与评析

以时间为序　主次分明

抓民俗特色　中心突出

朗读，想象，积累，运用

执教：南宁市桂雅路小学　宗菲菲

点评：南宁市教科所　教研员　特级教师　卢耀珍

一、温旧知，解诗题

师：同学们看这幅画，你想起了哪首诗呢？

生：《望天门山》。

（课件出示课题）

师：上节课我们学习了李白的诗歌《望天门山》，还记得吗？

生：记得。

师：我们一起背一背吧。

（全班背《望天门山》）

师：这首古诗不仅要求背诵，还要求默写，下面拿出工作纸，大家认真地填一填，看谁填得又快又好。

〔天门中断（　　）开，碧水东流至此回。两岸青山相对出，（　　）一片日边来。〕

（投影展示一位学生的工作纸。）

师：大家看看这位同学写对了吗？楚江？孤帆？

生：对了。

师：这位同学不仅写得正确，而且写的字工整漂亮，还很有笔锋，老师给你点个赞。请同桌的两位同学快速地互相检查，全对的伸出大拇指给同桌点赞吧！

（同学们纷纷互相伸大拇指点赞）

【点评】采取复习导入法，由上一首古诗《望天门山》作为抓手引入，一则在检测学生背诗及生字词的掌握情况，巩固上节课所学的知识；一则让孩子们温故而知新，激发学生对古诗的热爱，增强孩子的求知欲，进入本课的学习。

师：上节课我们欣赏了诗仙李白笔下的《望天门山》，这节课我们一起来学习宋代大诗人苏轼写的一首诗。谁来读一读课题？

生1：饮湖上初晴后雨。

师：老师发现"饮"字的前鼻音和"晴"字的后鼻音你读得特别准。那么长的题目，该怎样停顿呢，谁再来示范读？

生2：饮湖上初晴后雨。

师：停顿正确，你很有诗感，我们一起读一读。

（全班齐读课题）

师：读了诗题，你知道了什么？

生1：我知道了苏轼在西湖上喝酒。

师：你了解到了这首诗的地点，以及诗人在做什么，真好。

生2：我知道了天气先是晴的，后来就下雨了。

师：你还关注了天气的变化。谁能连起来说一说诗题的意思？

生：在西湖上喝酒，刚开始天晴，然后就下雨了。

师：诗题经常会缺少要素，这首诗题目缺少了人物，我们在理解的时候要学会补充要素。我们一起说一说。

师：这一天，苏轼和朋友在西湖上喝酒赏景，天气起初是晴的，后来下起了雨。

【点评】诗题是古诗的眼睛，从诗题可以一窥古诗的意思。课上，老师让学生从读诗题开始，强调读准字音，以及对于题目较长的古诗须注意停顿，再到了解题目的意思，自然而然地过渡到下一板块的教学。

二、读准音，初感知

师：诗人看到的会是怎样一番景象呢？让我们走进诗中去吧！打开书85页。请同学们自由地读一读这首诗，注意读准每个字音，把每句诗读得流利响亮。

（全班自由读诗）

师：这一课有两个需要认读的生字和两个特别难读的字，谁来挑战？

生1：潋滟、亦、妆。

师：妆字的翘舌后鼻音读得特别准确，谁再来读一读？

生2：潋滟、亦、妆。

师：老师特别佩服你，潋滟两个字，前鼻音读得特别准。你来当小老师教大家读吧。

（学生当小老师教读"潋滟"）

师：去掉拼音后的生字，你们还会读吗？全班一起读。

（全班读四个生字）

师：谁能读一读整首诗呢？

生1读。

师：字正腔圆，读音标准，真好。

生2读。

师：你读诗很有节奏感呢，真好。这首诗子、奇、宜都是押i的音，我们读的时候感受感受诗的韵味。

（男女生比赛读，全班读）

【点评】读，是古诗文教学的重要法宝。通过多种形式的初读，如自由读、个人读、男女生赛读、齐读等，让学生读准字音，读通诗句。再通过老师的适当指导和点拨，让学生读好停顿，读出诗句的基本韵脚，达到了字字准确，句句流畅的目标。

三、知诗意，想画面

师：我们学习古诗，除了读准音，还要了解诗句的意思。平时大家理解诗句有什么好方法呢，给大家推荐推荐？

生1：可以看注释。

师：这是学习古诗的好方法噢！

生2：可以看插图。

生3：可以想象画面。

生4：可以同桌互相交流。

生5：还可以查工具书……

师：是啊，工具书是我们无声的老师。这么多的方法，老师把这些方法都写下来吧。

（板书方法：注释、看图、想象……）

师：古人说"书读百遍，其义自见"。请同学们用自己喜欢的方式，选择一两种方法再读一读这首诗，看看你能读懂什么，眼前仿佛出现怎样的画面呢？

生1：我眼前出现了下雨时和晴天时的画面。天晴时，太阳高照，西湖的水在荡漾，闪着粼粼的金光；下雨时，远处和近处的景色朦朦胧胧，别有一番奇特的美。

师：你描述的有两幅画面，真是美的一幅西湖晴雨图呀！

生2：读着读着，我眼前似乎出现西湖的样子，晴天时，艳阳高照，水面波光粼粼，是橙色的；下雨时，云雾弥漫在上空，像仙子一般。

师：你还用比喻的方式形容你所想象到的画面，真好。

师小结：同学们都看到西湖的晴天和雨天两幅不同景象的图。

【点评】三年级的学生已经掌握了一些学习古诗词的方法，教学中先让学生回顾以往学习古诗的方法，然后再选择合适的方法自己读诗，看能读懂什么，眼前仿佛看到了什么样的画面？诗中有画，画中有诗，让学生一边读诗一边想象画面，能让他们在理解诗意的同时，更好地感悟古诗所描绘的意境。

师：让我们一起走进西湖的晴天，哪句诗描写的是西湖的晴天？

生："水光潋滟晴方好。"

（课件出示第一句诗）

师：我们一起读一读。你从哪里看出是晴天？

生：水光潋滟。

师："潋滟"这个词语是什么意思呢？

生：波光闪动的样子。

师：你是怎么知道这个词语的意思？

生：我从书上的注解了解到的。

师小结：是呀，通过注释理解古诗里词语的意思，是学古诗的方法。

【点评】现行教材中，从三年级开始，古诗词就配有注释，对诗词中的关键字词做出了解释和说明。教师要充分运用教材的特点，指导学生掌握借助注释理解诗句的方法。而且在今后的学习中，还要反复强调，让学生在运用方法进行学习中掌握方法，形成能力。

师：此时，阳光洒在微波荡漾的湖面上，你看到怎样的景象？

生：我看到微波荡漾的湖面上银光闪闪的，像是铺满了闪闪发光的钻石，真好看。

生：湖面波光闪动，像可爱的小精灵在湖面上玩耍。

生：阳光下的湖面波光粼粼，像许多的星星坠入湖中，美极了。

师：同学们的想象力真是丰富，银光闪闪的湖面多美呀！课文中用了一个词形容了这样的景象和画面，你知道是哪个词吗？

生：水光潋滟。

师：我们一起来读读这个词，读出湖面波光闪烁的美景。

生：齐读。

师：出示湖面波光闪动的画面，（指着画面）你们看，这就是——

生：水光潋滟

师：这样的景象美吗？喜欢吗？

师：这样的画面让你想起了哪些词语呢？

生：波光粼粼。

生：碧波荡漾。

生：银光闪闪。

（课件出示：波光闪烁、金光闪闪、浮光跃金……）

师：这些都是描写阳光下水面景象的词语，让我们记住它们。

（全班齐读词语）

师小结：诗人一个"水光潋滟"就让我们想象这么多的画面，想到了这么多的词语，让我们把这些词语运用到诗句当中，描述西湖的美景。

（　　　）晴方好

生1：水光粼粼晴方好。

生2：金光闪闪晴方好。

生3：波光闪烁晴方好。

师小结：好一个绚丽多彩，生趣盎然的西湖晴天。

（全班一起读第一句诗）

师：晴天下湖面波光闪烁，多美的画面啊，你还在哪儿看到过这样的情景？

生1：我暑假的时候去北海银滩，太阳照在海面上就是这样的。

师：当你在北海看到这样的画面，你可以说——

生1：水光潋滟晴方好。

生2：我在人民公园坐游船的时候，也看到过这样的情景。

师：当你坐船泛舟湖上时，你可以说——

生2：水光潋滟晴方好。

（出示图片，师引读，生读诗句）

师：看到阳光照耀下的南湖，我们可以说——水光潋滟晴方好；站在风景秀丽的漓江边，看到这样的景色，你会说——水光潋滟晴方好。去到杭州，看到晴天下波光闪烁的西湖，你真的要感叹——水光潋滟晴方好。

师：这样的晴天，诗人感叹说晴方好。

（板书"方好"）

师："方"是什么意思？

生：方方面面都很好。

（同学们面面相觑，没有人举手）

师：当注释、看图、想象这些方法无法理解诗意时，我们可以借助工具书，老师查了词典，"方"字在字典里有好几种解释，老师选了4种，大家看看选哪一个？

（课件出示方的解释。方：1. 办法，技巧；2. 正、刚刚、恰；3. 地区、地域；4. 方形。）

（全班纷纷回答选择第二种）

师：那么"方好"就是正好，刚刚好，恰好的意思。

（师板书：方好——正好）

师：方好就是正好。西湖的晴天美得正好，美得恰到好处。我们一起再来感受感受。

（全班学生齐读诗句"水光潋滟晴方好"）

【点评】《语文课程标准》对小学生诵读诗文提出了"展开想像，获得初步的情感体验，感受语言的优美"的要求。因此，在"潋滟"一词的教学中，启发学生展开丰富的想象，想象晴天的西湖波光闪闪的画面，让学生在想象和描述的过程中回忆有关描写水面波纹的词，并能积累相关的词语，领悟古诗中的意境美。语言运用是语文教学改革的方向，对于凝练而久远的古诗而言，在课堂上，精心设计了把有关水面波纹的词语运用到诗句中，并创设了许多场景，学生能够脱口而出吟诵诗句形容自己所见到的景象，很好地达到了语言文字运用，促进积累，提高语文素养的目的。

师：当诗人还陶醉在阳光明媚的画中时，突然天空下起雨来，雨中的西湖又是怎样一番景象呢？谁来读一读。

（生读"山色空蒙雨亦奇"）

师：说说你的眼前看到怎样的画面？

生1：下起雨了，所有事物都朦朦胧胧的，像烟雾缭绕一般。

生2：像国画里面的山水画。

师小结：朦朦胧胧，云雾迷漫，隐隐约约，若隐若现……这就是用诗句的一个词——

（生齐声回答：山色空蒙）

师：雨雾迷茫之中，西湖上的山山水水似乎披上了轻纱，这种朦胧的美，让诗人不禁发出这样的感叹——

（生齐读：山色空蒙雨亦奇）

师：西湖阳光明媚的晴天很美，而雨景也很奇妙。奇就是？

生：奇妙。

师：亦奇是什么意思？

生：也很奇妙。

师：亦用换词的方法理解就是——

生1：亦就是也的意思。

师：那么亦奇就是也奇妙。

（板书：亦奇——也妙）

师：让我们一同走进这雨中，感受西湖雨的奇妙吧，谁来读一读？

生1：山色空蒙雨亦奇。

师：这雨是大雨还是小雨呢？

生1：是小小的毛毛雨。

师：淅淅沥沥，毛毛细雨，你能再读一读，让我们感受到这样的雨吗？

生1再读：山色空蒙雨亦奇。

师：老师发现这位同学读"山色空蒙"读得特别轻柔，让我们仿佛置身于这奇妙的雨中。谁再读一读？

生2：山色空蒙雨亦奇。

师：隐隐约约、如梦似幻的雨景真妙呀。我们一起读。

（全班学生齐读"山色空蒙雨亦奇"）

（课件出示图片和诗句，老师引导、指导孩子读出晴雨两幅图的不同景象。）

师：刚才还是——

生：水光潋滟晴方好。

师：诗人看到这么美的景色心情如何？

生：诗人很开心。

师：是啊，西湖的晴天多美啊！再读。

生：水光潋滟晴方好。（同学们面带微笑美美地朗读。）

师：现在却是——

生：山色空蒙雨亦奇。

师：轻柔些，更能让人感受到朦胧的美，再读。

生：山色空蒙雨亦奇。

（同学们轻柔地朗读）

师：一天之中，诗人看到了西湖两幅截然不同的画面，全班再读一读，边读边想象两幅不同的画面。

（全班齐读第一、二句诗）

【点评】古诗的语言不仅精练，而且具有鲜明的形象性。学生通过想象、朗读感受到在不同天气下的西湖之美，将西湖晴雨两幅图的美读得富有层次和厚度。

师：听着大家的朗读，我们似乎走进了美丽的西湖，融入了这优美的湖光山色之中。

（播放 PPT，美丽的西湖图）

师：西湖美吗？

生：美。

师：难怪诗人会说——

（出示三、四句诗，全班学生在老师的引导下齐读）

师：这么美的西湖，诗人把它比喻成什么呢？

生：西子。

（课件出示诗句：欲把西湖比西子，淡妆浓抹总相宜）

师：西子是谁？你了解吗？

生1：西施。

生2：西子就是古代的四大美女之一西施。

师：对的，西子名叫西施，是我们中国古代四大美女之一，她到底有多美呢？老师给你们讲个故事，想听吗？传说西施天生丽质，婀娜迷人，每次当她在古越国浣纱溪边洗纱的时候，水中的鱼儿一看到她的惊艳容貌，都忘记了游水，渐渐地沉入了江底，所以她还有一个美称，沉鱼。想看看她吗？

（出示西施图）

师：她美吗？难怪诗人会发出这样的感叹——

生：欲把西湖比西子，淡妆浓抹总相宜。

师：在苏轼眼里，西湖就像西子一样美丽多姿，那么，在其他诗人眼中，西湖又像什么呢？

（出示三组比喻的诗句：湖上春来似图画，乱峰围绕水平铺。——白居易《春题湖上》 若把西湖比明月，湖心亭似广寒宫。——周起渭《西湖》 月宫里的明镜，不幸失落人间。——艾青《西湖》）

师：请同学们自由读一读，看看西湖又像什么呢？

（全班学生自由读，思考问题）

师：诗人把西湖比作什么呢？谁来说？

生1：白居易把西湖比作图画。

生2：周起渭把西湖比作明月。

生3：艾青把西湖比作明镜。

师：苏轼把西湖比作西子妙在哪儿呢？西湖和西子有什么相似之处？一分钟时间小组内说一说。

（四人小组合作讨论交流）

生1：因为西湖和西子相同之处就是他们都一样美。

师：我仿佛看到西湖就像一位美丽的西子迈着轻盈的步伐向我们走来，真美。

生2：西湖和西子，前面都有一个西字。

师：是啊，西子、西湖、西湖、西子，首字同声、遥相呼应，一唱一和诗的音韵真美。

生3：我查了资料，他们都属于同一个地方。西子是越地美女，越地就是今天的江浙一带，西湖也在浙江。

师：一为江南秀水，一为江南秀色，他们风韵一致。

师：是啊！对于西子来说，无论是淡妆，还是浓抹，都是刚刚合适，对于西湖来说，

（师引导学生理解和朗读）

师：无论是晴天还是雨天，都——

生：刚刚合适。

生读：淡妆浓抹总相宜。

师：无论是早晨还是傍晚，都——

生：刚刚合适。

生读：淡妆浓抹总相宜。

师：无论是——

生：春天还是秋天，都刚刚合适。

生读：淡妆浓抹总相宜。

师：读到这里谁读懂了"总相宜"的意思？

生：总相宜就是总是很合适。

师：相宜就是——

生：合适。

（板书：相宜——合适）

师小结：西湖之美，何止晴天雨天，一年的春夏秋冬四季，一日的清晨午后黄昏，景色各异，美不胜收，把西湖比作西子呈现在我们眼前的是一个有生命力

的、清新别致、美轮美奂的西湖，从此西湖就有了一个美妙动听的名字——西子湖，所以诗人不禁感叹——

（全班学生读三、四句诗）

【点评】这首诗中"欲把西湖比西子"这千古一喻，很传神地写出了西湖的神韵之美，如何把这种神韵之美传递给学生呢？在策略的选择上，老师选择了用语言描述、故事引入、图片欣赏、小组交流的方式，让学生感知西子的沉鱼之美，再用对比鉴赏的方法，与白居易笔下的"画图"，周起渭笔下的"明月"和艾青笔下的"明镜"进行比较，让学生明白苏轼的比喻妙处所在，明白西湖的美在神韵，美在诗人心底的热爱。

四、诵古诗，悟诗情

师：同学们，诗人苏轼用28个字为我们展现了西湖的美景，诗中有画，画中有诗，请同学们用自己喜欢的方式再读一读这首诗，可以加动作读，可以用吟唱的方式读，可以配音乐读等，读出诗中的画，诗中的情。

（全班学生自由练读）

生1：我想加动作读。

（这名学生一边诵读，一边辅以各种动作）

师：好美的西湖，好美的小西施。有时候我们加入肢体动作就可以把我们的情感表达得淋漓尽致！

生2：我想用吟唱的方式读。

师：你会吗？试试吧！

（这名学生诵读时注意平仄的长短）

师：这位同学是用吟唱的方式读，吟唱要注意平长仄短。老师想像古人一样唱一唱，想听吗？

（老师做吟唱示范）

（唱毕，学生给予热烈的掌声）

师：谢谢大家，大家如果对吟唱感兴趣，课后可以研究研究。还有谁也想来读？

生3：老师，我想配上音乐读。

师：好的，老师给你加上音乐。

（这名学生在音乐的烘托下，读得津津有味）

师：同学们用自己喜欢的方式读一读吧。

（全班学生有感情地齐读）

（课件出示图片）

师：你们知道吗？苏东坡在杭州做官的时候，为了保护西湖，他不惜多次上书朝廷，不惜多次奔走相告，不惜贱卖自己的字画，修筑了苏堤，疏通了西湖，还修建了三潭映月。刚刚完成长堤修筑的苏轼泛舟西湖，心情正佳，诗情满溢的他随即吟诵——

（全班学生齐读）

师：千年后的今天，西湖依然水光潋滟，仍旧山色空蒙，但湖上已不见饮酒之人，只有西湖边上苏东坡的雕像深情矗立，他对西湖的爱已融入诗中，成为千古绝唱——

（全班学生再次诵读）

师：我们把西湖美景深深印在脑海中，一起试着背一背。

（全班学生背诵古诗）

师：苏轼的诗现存约两千七百余首，其诗题材广阔，豪放旷达又不失婉约，善用夸张、比喻等修辞方法，老师推荐大家读一读这两首诗《望湖楼醉书》《中秋月》，大家课后再深入领略苏轼诗的艺术风格。

【点评】古人云："书读百遍，其义自见"，古诗尤其要重视诵读，因此，古诗教学中采取范读、个别读、加手势、配乐吟诵或吟唱等多种形式，熟读成诵，让学生在读中有所感悟，在读中培养语感，在读中受到情感的熏陶，加深体会诗的含义与感情。最后，再通过补充苏轼的资料，推荐古诗的方式，让学生感受诗人的风格，领略古诗特有的魅力。

【总评】
《语文课程标准》（2011版）提出：语文课程是一门学习语言文字运用的综合性、实践性课程。义务教育阶段的语文课程，应使学生初步学会运用祖国语言文字进行交流沟通，吸收古今中外优秀文化，提高思想文化修养，促进自身精神成长。关注学生学习语言、运用语言，是语文课程改革的方向，也是智慧课堂特有的标签。在古诗词教学中，如何让孩子更好地理解诗意、感悟诗情，积累语言，提升思维和运用语言文字的能力，让语文课堂焕发出魅力呢？宗菲菲老师执教的《饮湖上初晴后雨》一课做出了有效的探索。

一、读正确、读通顺，读出诗的节奏和味道

古诗是我国艺术文化的瑰宝，它的语言凝练而形象，具有鲜明的节奏，和谐的音韵，富于音乐美。读是最能让人感受这种艺术魅力的。教学中宗老师设计了三个层次的读，第一层次是读通、读顺、读正确；第二层次是读出诗的节奏和韵律；第三层次是读出诗的个性和韵味。每一个层次的读目的不同，形式多样，如第一层次的读，学生刚刚接触这首诗，最为关键的就是把古诗的读音字字落实，句句通畅，为下一个阶段的学习作铺垫；第二层次的读，主要指导学生在读中大体把握诗句的意思，读出诗的节奏美和音韵美；第三层次是在学生充分感悟诗情后，再让学生通过不同形式的诵读展示，让学生在读中加深对诗意的理解，读中想象诗的意境，读中感悟诗人的情感，在读中感觉诗的味道。体现了古诗教学以诵读感知为本的特征。

二、懂诗意，悟诗情，读文出画，身临其境

诗歌是一种特殊的文学体裁，它饱含着作者的思想感情与丰富的想象，一个人读诗，假如意思能说出来，但是他的眼前和脑海里面却不能出现一幕又一幕生动的、真切的、细腻的、鲜活的画面和意境，那就等于没有真正读懂诗。因此，古诗教学不能太理性化、绝对化，遇字必解，这样会使诗的韵味大打折扣，限制学生想象力的发展。所以，对于小学生来说，学习古诗词只要求能大体理解诗意即可，重点在于引导他们想象画面，感悟诗情画意，体会诗人的情感，再通过读，读出诗词所要表现的画面和情感。可谓眼中有画，画中有情。在本节课的教学中，老师善于启发孩子的想象，拓展孩子想象的空间。在读通读顺整首诗后，老师不是细细碎碎地分析诗句里面词句的意思，而是以"读着这首诗你的眼前仿佛出现了怎样的画面"这一问题，引导孩子们在读中展开丰富的想象，在眼前展现出诗中所描绘的画面。从孩子们的回答中，不难看出，他们的脑海中已经出现西湖阳光明媚的晴天图和云雾迷蒙的雨景图，说明他们读懂了前两句诗的意思，对古诗的意境也有了整体的把握。在诗句的教学中，启发学生展开丰富的想象，我们看到了老师的匠心独运。教学中老师抓住"水光潋滟"这个词，让孩子们想象了阳光下湖光闪动的美丽画面"像许多的星星坠入湖中""像可爱的小精灵在湖面上玩耍""湖面像是铺满了闪闪发光的钻石"。抓住"山色空蒙"一词，让孩子们想象到了雨天的西湖云雾弥漫、如梦似幻的画面，并且边读诗句边想象两幅不同的景象，孩子们想象中感受到了晴天的美好和雨天的奇妙，读文出画，仿如身临其境一般。

三、想意境，品诗情，积累运用，领略诗韵

古诗词教学最怕字字落实。美学大师朱光潜说读诗最要紧的是"见"！见，就是一种当下的直觉的观照。见什么？见"景"，见意象。古诗词的教学要让学生能见意象。老师的作用是"举象"，"举"就是打开，就是呈现，就是营造。不仅要"举象"，还要"造境"。

这节课的教学不但带领孩子们想意境,品诗情,还注意引导孩子们读诗"见"景,通过"举象""造境"让孩子们展开丰富的想象,并在想象中积累语言、运用语言。例如在和孩子们学习"水光潋滟晴方好"这句诗时,老师通过"水光潋滟"一词引导孩子们想象着阳光下"水光潋滟"的画面让你还想到了哪些四字词语,于是"波光粼粼、波光闪动、银光闪闪、碧波荡漾"等词不断从孩子们的口中涌出。再通过老师的适时补充如"波光闪烁、金光闪闪、浮光跃金"等,孩子们的积累就更丰富了。老师设计了让孩子们将这些积累的词语填到诗句中朗读的活动,让孩子们的积累得到了有效的运用,孩子们在运用和朗读中更形象地理解了"水光潋滟"这个词的意思。既丰富了对诗句的理解,又增加了画面感,让孩子们更好地体悟了诗情。接着老师又以这样一个问题"晴天下湖面波光闪烁,多美的画面啊,你还在哪儿看到过这样的情景",让学生从西湖水光潋滟联系到桂林漓江、南湖、北海银滩的碧波荡漾,银光闪闪。这样一幅幅水光潋滟的生动的画面就不断地出现在了孩子们的眼前,孩子们不但读懂了诗的内容,还读出了诗情画意,读出了诗的意象,孩子们在真实的世界里也能感知诗的存在,当遇到晴天下的水光闪耀的水景时,便能脱口而出"水光潋滟晴方好"。再如"欲把西湖比西子"这句诗中,宗老师拓展出三位诗人的三首诗,通过对比、讨论、品味,让孩子们体会到这个千古一喻的精妙,从而积累了许多与比喻相关的诗句,孩子们就在老师的"举象"和"造境"中享受了一场语言学习的智慧盛宴。最后,宗老师还补充了苏轼的资料,推荐了两首诗《望湖楼醉书》《中秋月》,让孩子们课后也能继续品味诗人的艺术风格,有效地延伸课堂教学内容。一词带多词,一句拓多句,加之画面想象,补充古诗,拓展运用,以及丰富的语言积累运用,课堂上,孩子们思维和智慧的火花也在不断地闪现和呈现,学生也从课内狭小的一隅,走向了课外广阔的天地。实现了《语文课程标准》提出的"语文课程要致力于培养学生的语言文字运用能力,提升学生的综合素养"的目标。

这是一节扎实、高效的古诗教学课例,教学不但突出了古诗词教学以读为本的特点,还非常重视引导孩子们在读懂诗意、感悟诗情的过程中发挥想象,读文出画,让他们身临其境,感受诗情画意。更可贵的是,该课的教学老师非常注意"举象"和"造境",引导孩子们想象诗的意境,品悟诗中蕴含的情感,并在理解品悟中丰富积累、在朗读中学习运用、在运用中拓宽视野,领略诗韵,达到了古诗词教学从"重分析理解"向"重朗读、重想象、重积累、重运用"的华丽转身。

《什么比猎豹的速度更快》
教学设计及评析

南宁市桂雅路小学　宗菲菲

一、课题

部编版小学语文五年级上册《什么比猎豹的速度更快》

二、设计理念

　　阅读策略单元是统编教材的特色创新编排之一，本单元的语文要素是学会提高阅读速度的方法，《什么比猎豹的速度更快》这篇课文是统编版教材五年级的阅读策略单元的第三篇文章，是一篇运用列数字、作比较等说明方法，采用由慢到快事例层层推进的表达方式，介绍事物运动速度的说明文。根据单元要求和阅读提示"借助关键词句，用较快的速度默读课文，记下所用的时间"，本课设计落实一课一得的课堂教学理念，一课着重解决一个问题，从阅读提示里的"借助关键词句"和"较快的速度"两个关键词，通过抓"事物"和"速度"两个关键词和"……比……"等关键句，发现文章的表达特点，掌握提高阅读速度的方法，迅速理解和把握文章材料中的主要信息，以及明白这篇说明文通过"列数字""举例子"的说明方法突出事物的特点。计时器的使用，帮助我们量化学生阅读的速度。最后采用"1+X"的阅读教学模式，以一篇带多篇，迁移运用"借助关键词句"的方法再快速默读两篇课外结构内容非常相似的说明文《还有什么比象龟更老？》和《蓝鲸是最大的吗？》，增加课堂上的课外阅读量，帮助学生把课堂的学习迁移运用到课外的学习中。课后推荐拓展阅读《妙想科学》，让学生反复练习巩固方法，形成阅读能力和习惯。

三、教学目标

1. 学习带着问题，借助关键词句和关注文章的表达特点提高阅读速度的方法，把握课文主要内容。

2. 明白这篇说明文通过"列数字""举例子"的说明方法突出事物的特点。

3. 通过拓展阅读两篇课外同类型的说明文及推荐阅读相关书籍，迁移和巩固提高所学的提高阅读速度的方法。

四、重点及难点

（一）教学重点

学习带着问题，借助关键词句和关注文章的表达特点提高阅读速度的方法，把握课文主要内容。

（二）教学难点

迁移运用提高阅读速度的方法，进行拓展阅读。

五、教学过程

（一）检测回顾方法，揭示课题

1. 方法一检测：连词成句地读

（1）玩"集中注意力"的游戏

师：同学们，我们来玩一个集中注意力的小游戏，好不好？请你睁大眼睛，凝视屏幕，待会儿课件上会出现一句话，给几秒钟，比一比谁一眼能看到的内容多，准备好了吗？

PPT 出示句子（闪现 1—3 秒）：不过，猛犸象化石更加古老，大约在一万多年前，猛犸象灭绝了。

师：谁来说说你看到了多少内容？

（2）课件回顾演示"连词成句地读"的阅读方法

师：想要读得快，就得要"连词成句地读"，这也是我们前两节课学习的提高阅读速度的方法。

2. 方法二检测： 遇不懂的词不停读、不回读

师：刚才这个句子里有一个词"猛犸象"，你懂得意思吗？不懂怎么办？

师：是的，当我们阅读一篇文章的时候碰到不太懂的词语不要停下来，不要回读，我们可以进行猜读和跳读，把握大致的内容继续往下读。

3. 回顾所学方法

师：上两节课我们学习了提高阅读的两种方法，分别是——

粘贴板书：（1）集中注意力，连词成句地读

（2）遇不懂的词不停读、不回读

4. 指向方法，揭示课题

师：今天我们继续学习提高阅读速度的方法，一起来学习第 7 课，齐读课题。

学生齐读：7. 什么比猎豹的速度更快

【评析：本单元是"快速阅读策略单元"，要求一是要有一定的阅读速度，二是要学习快速阅读的方法。经过前两课的学习，学生已经掌握了"集中注意力不回读""连词成句地读"两种提高阅读速度的方法，而这两种方法让学生学会了跳读、猜读，扩大视域地读。因此，本节课导入环节巧妙开展的游戏旨在激发学生学习的兴趣，阅读期待，通过回顾所学方法，引导学生梳理阅读方法，这些方法不是孤立存在，可以综合运用到阅读中，提高阅读效率，为本节课学习新的提高阅读速度方法做好了铺垫。】

（二）聚焦语文要素，学习方法

1. 巩固所学方法，默读课文，明确文体。

（1）运用之前所学方法，默读课文并计时

师：请同学们运用前几节课所学的阅读方法，默读课文，老师计时，大家阅读完毕举手告诉老师，同时看看自己所用的时间，记录一下你的阅读时间。集中注意力，计时开始。（打开计时器）

采访学生：你为什么读得那么快？

师小结：看来大家已经把之前所学的"集中注意力，连词成句地读""遇不懂的词不停读、不回读"两种方法掌握得非常好，你们真会学习。

（2）认识文体特点，参看阅读提示

师：你们知道这篇课文是什么类型的文章吗？（板书：说明文）它是一篇说明文，说明文就是向我们介绍事物的特点，那么这篇说明文向我们介绍了事物的什么特点，读说明文怎样才能读得更快呢？我们一起来看看课题下面的阅读提示。

PPT 出示：借助关键词句，用较快的速度默读课文，记下所用的时间。

2. 学习"带着问题，抓关键词句"的方法，提高阅读速度

（1）带着问题阅读，检测速度

师：读课题，你们有发现吗？

师：是啊，课题就是一个问题，我们带着问题去读，阅读的速度会不会更快呢，拭目以待。

粘贴板书：带着题目的问题，抓住关键词句

师：别忘了运用之前的方法，我们再次默读课文，看看阅读速度会不会加快呢？读完举手，记录下你的阅读时间。集中注意力，带着问题，抓关键词，计时开始。（打开计时器）

采访学生：读得最快的是谁？你为什么读得那么快？你读懂了这篇文章主要讲什么了吗？

（2）学习"抓关键词提高阅读速度"的方法

师：刚才带着问题，你圈画了什么关键词句呢？

老师引导学习2—4自然段

> ② 人在奋力奔跑的时候，最大速度能够达到44千米每小时。这个速度跟鸵鸟比起来差远了——鸵鸟奔跑的最大速度是72千米每小时。在两条腿的动物里面，鸵鸟应该算是奔跑的世界冠军。
>
> ③ 比鸵鸟跑得更快的动物就要数猎豹了。猎豹奔跑的最大速度可达110千米每小时。猎豹才是陆地上跑得最快的动物！
>
> ④ 但是游隼向下俯冲时的速度更快，超过320千米每小时！这个速度是汽车在高速公路上飞速行驶时速度的两到三倍！它俯冲的速度比任何一种动物奔跑时的速度都要快。

预设：

A. 关键词：事物 （板书）

师：你圈画了什么关键词？这些都是什么？怎么那么快就找到这些事物？跟大家分享一下好吗？

师：谁也找到了关键词事物？也来说一说，你们是怎么找的？

师小结方法：嗯，你是带着问题，什么比猎豹速度快，所以你找了"什么"锁定目标事物。

B. 关键词：速度 （板书）

师：老师有个疑问，你们仅仅看事物就能准确比较谁速度快吗？谁来分享一下你的独家秘籍？

生汇报

师小结方法：是啊，像刚才的同学那样，先画出比较的句子，圈出事物以及对应的速度，就能很快找到什么比猎豹的速度更快这个问题的答案了。

（3）运用方法，小组合作自学5—8自然段

师：请同学们借助关键词句的方法，把这篇课文所有写的事物、速度以及比较的句子都圈一圈、画一画，并给它们排排序，完成课后第2道练习题。谁完成得快，上台排序。

（4）学生上台排序，对照评价

（5）学生概括文章的主要内容

师：看着表格，谁来说说这篇文章主要讲了什么？

师小结：我们带着一定的问题去读，读的时候抓住关键的词句，我们就能很快地把握内容。

（6）了解说明方法的作用

师：同学们，这是一篇说明文，大家一起来看看刚才圈画的关键词，有没有发现我们抓的事物和速度两种关键词，以及"……比……"这样的关键句，是什么说明方法？

师小结：这篇说明文就是用了作比较、列数字的说明方法，让我们了解了事物速度"快"的特点。我们在阅读说明书类的文章时，要抓住能突出事物特点的词句，这样的词句就是关键的词句，抓住关键词句，就能大大提高阅读的速度。

3. 发现表达特点，抓关键词句提高阅读速度

师：我们再来回顾刚才大家圈画的，依次出示段落及圈出事物——

小组讨论，哪个小组能发现作者写作的秘密？

（1）每一段都介绍了一种事物比另外一种事物快。

（2）每一段基本上都有中心句。

师小结方法：当我们发现作者写作时的表达特点，阅读的时候抓住每一段的中心句，就能很快把握这一段的主要内容，其他内容可以快速浏览，这样就可以加快阅读的速度。

粘贴板书：发现表达特点抓关键词句读

【评析：此环节聚焦语文要素"借助关键词句，提高阅读速度"，首先，是勾连之前所学的方法进行计时阅读。其次，通过带着问题，抓关键词句的方法学习2—4自然段，掌握什么是文章的关键词句，如何提取关键信息把握文章主要内容。由扶到放，学生以自主、合作、探究的学习方式，自学5—8自然段，结合课后练习题检测速度效果，了解内容把握程度。苏霍姆林斯基说过，要把阅读和思考联系起来。再次，回顾圈画的词句，思考发现文章的表达特点，交流阅读体会，并总结提高阅读速度的方法，关注阅读方法的连续性和发展性，形成阅读方法群，循序渐进提升学生的阅读能力。】

（三）拓展同类文章，巩固方法

1. 课外篇目一：《还有什么比象龟更老？》

师：读了题目，带着这个问题，你想要找答案的话，你觉得可以抓什么关键词？

（1）圈画关键词句快速默读课文，记录下阅读时间。（打开计时器）

（2）出示题目检测，学生在快速默读是否把握文章的主要内容。

（3）思考：这篇课文你抓住了什么关键词句？课文运用了什么说明方法，写出了事物的什么特点？

（4）学生汇报交流。

2. 课外篇目二：《蓝鲸是最大的吗？》

师：读了题目，带着这个问题，你想要找答案的话，你觉得可以抓什么关键词？

（1）圈画关键词句快速默读课文，记录下阅读时间。（打开计时器）

（2）出示题目检测，学生在快速默读是否把握文章的主要内容。

（3）思考：这篇课文你抓住了什么关键词句？课文运用了什么说明方法，写出了事物的什么特点？

（4）学生汇报交流。

3. 交流阅读收获

（1）学生畅谈收获

（2）教师提出思考

思考① 提高阅读速度的好处有哪些？

思考② 阅读速度是不是越快越好呢？

师小结：不同的文章应该选择不同的阅读方法，有些文章我们需要大致把握内容，可以快速浏览，有些文章我们需要体会语句的精妙，可以精读品味。

【评析：单元整合型"1+X"阅读教学不单单是阅读文本的整合，同时也是训练内容的整合。课上，补充的两篇课外阅读材料与课文同作者、同文体、同类型，可以很好地帮助学生巩固快速阅读的方法，形成能力。所谓提高阅读速度，并不等同于"读得快"，而是能够快速抓住文章所要表达的主旨，找到自己所要提取的信息，提高阅读的效率。因此，在这个环节的设计中，通过计时器检测阅读速度，还设置有一定的测试题，检测学生是否读懂文章的主要内容，最后从学生圈画的关键词句了解学生本节课学习方法是否得以落实。通过让学生反复地练习，体会，感受，掌握方法，能够熟练应用，培养良好的阅读习惯。】

（四）推荐课外书籍，延伸阅读

1. 走近作者

师：这篇课文是美国人罗伯特·E·威尔斯写的，他一直以来都在美国南加利福尼亚从事儿童画创作，他的工作还包括了标志画、贺卡设计和漫画创作。通过画笔，他让孩子们想象到了宇宙的巨大，自那时起的二十多年来，他一直在工作室里创作，他希望帮助孩子们探索这个神奇的世界。

2. 推荐阅读

师：这篇课文以及刚才的两篇课外阅读都是说明文，出自《妙想科学》这套书，
　　里面有很多这样说明类的文章，我们可以用上我们所学的提高阅读的方法
　　（指板书），借助关键词句看看说明了事物的什么特点，更好地把握课文
　　内容。当然，除了说明文，在课后当我们阅读其他题材的文章时，也要学
　　会抓关键信息，提高阅读速度。

【评析： "课内打基础，课外练功夫"，课文延伸阅读可以给学生提供明确的课外阅读
的方向，丰富学生的阅读资源，提高小学生自主阅读能力，而整本书阅读，整册书阅读则是
近来语文教学改革的趋势。本环节给学生介绍与课文联系紧密的课外书籍《妙想科学》，让
学生运用课上所学方法读一类的文章，读整本的书，读作者写的一类书，提高学生阅读的速度，
掌握阅读的方法，形成阅读的能力，感受阅读之美，提高阅读之趣，培养阅读之习惯。】

【总评：皮亚杰指出： "良好的学习方法可以增进学生的效能，乃至加速他们的心理成长。"
本课设计旨在从 "提高学生阅读速度的方法"中学会方法，通过学习带着问题 "什么比猎豹
的速度更快"，借助 "事物" "速度" "……比……"等关键词句和抓住文章的表达特点 "下
一段介绍另一种事物比前一种事物快" "每一段有中心句"的方法给学生搭建提高阅读速度
的支架，运用计时器记录阅读时间，在把握和理解课文主要内容前提下，检测阅读速度的提高。
接着迁移方法阅读课外两篇同类型的文章和拓展阅读书籍，在学习和训练中，建构起对阅读
方法的认知图式与经验体系，将方法真正落到学生心里，化在日常阅读行为中，培养自觉自
学能力，为全面提升学生的语文素养和促进心灵成长插上了腾飞的翅膀。提高阅读速度非一
日之功，对 "阅读策略"的教学也不是毕其功于一课、一个单元，学生从有所认知到形成能力，
养成习惯，形成素养是一个长期持续的阅读实践。今后的阅读学习中要反复运用该单元中的
学习方法，才使学生的阅读速度和阅读理解能力得到双重提升。】

六、板书设计

7. 什么比猎豹的速度更快

说明文

提高阅读速度的方法：

1. 集中注意力，连词成句地读

2. 遇不懂的词不停读，不回读

3. 带着问题，借助关键词句读

书籍推荐

黑土地的童年足迹
——《呼兰河传》赏析

南宁市桂雅路小学　宗菲菲

■我读

小朋友们，有这样一篇作品，茅盾称之为"一篇叙事诗，一幅多彩的风俗画，一串凄婉的歌谣"。这篇作品就是作家萧红的《呼兰河传》，讲述的也是作者天真烂漫的童年往事，很值得小朋友们认真去品读。

萧红 1911 年在黑龙江省哈尔滨市呼兰区出生，童年时期祖父百般疼爱。祖父离世后，她因不满包办婚姻而出走，从此命运坎坷，1941 年在香港病逝。

《呼兰河传》是萧红用生命书写的重要作品。当时她生活在极为严酷的社会现实中，在极度困惑和迷茫之时，以对童年生活回忆的笔触进行创作，希望唤回一些美好的回忆，获得一些精神上的安慰。所以，小朋友们在阅读原作时，会发现她刻画的虽然是严酷的社会现实，但在语言上，是回忆性的、浪漫温馨的用语，展现东北黑土地的童年足迹，好似一幅幅充满风土人情的画卷。

让我们首先领略第一个章节展开的画卷吧。这个章节，作者介绍呼兰河城的风土人情，比如冬天的冷，呼兰河城的街貌，以及人们灰暗的心理等。在描写东二道街上的大泥坑时写道："旱天，两三个月不下雨，那坑变得有五六尺深，车马在上面行驶极易出现危险。小孩子、大人也有不注意掉在里面的，奇怪的是遇到这种险情，人们要么说拆墙拓路，要么说两边种树，但却从来没有人说过要用土把坑填平。"小朋友们，这幅画卷画得很精彩，道出了呼兰河居民的丑陋想法："不是我挖的坑，我为什么要把它填平？"这展现的是一个地方的小型群体整体麻木的悲剧片段，他们事不关己，高高挂起，缺乏危机感，缺乏正义性，集体灰暗地生活在那偏远的一隅。小朋友们，如果换成在当代，最起码，社区都会找人去把这个坑填平。再说，不少好心人也会主动去张罗，把事情给办成，不会留下什么安全隐患。这两相对比，我们就知道我们生活在一个什么样的好时代了。

第二个章节描述的画卷，我认为也是非常精彩的。呼兰河的老百姓，生活重复单调，多少年都没什么变化，缺少生机活力。精神生活主要靠习俗活动，比如唱秧歌、跳大神、放河灯、演野台子戏、赶庙会等。让我们一起来品味参加这个盛大活动的精彩片段："眼看戏台子就要搭好了，这时候，接亲戚的接亲戚，唤朋友的唤朋友。""东家的女儿长大了，西家的男孩子也该成亲了，说媒的这个时候，就走上门来。"小朋友们领略到这里，会不会感受到呼兰河人的这种充满乡土气息的热闹喧嚣呢？如果还没有，那么我们继续阅读作者描绘的乡下人参加野台子戏的场面。野台子戏一演就是三天，很多人赶着车，带着老和少，在河滩上扎营。作者这样描写道："他们离戏台二三十丈远，其实什么也看不见听不见，但回到乡下去，他也跟着人家说长道短的。"可以想见，这些乡下人回到家里后，向亲友们介绍现场情况时的景象，他们得意洋洋，说得吐沫横飞，似乎是坐在了前排抵近观看了的。小朋友们，这个片段，描述的是一个什么样的景象呢？其实就是原汁原味地再现了呼兰河人的生活方式。千百年来这里的人还是沿袭着旧生活，喜欢到处闲扯东家长西家短，非常喜欢凑热闹，他们的日子就这样一天天过去，直到老死，这和小朋友接触到的现代社会生活是截然不同的，让大家充分领略到了呼兰河人过去的这种呆板固化的乡土生活。

第三个章节，写和祖父相处的场景。那是童年的时候，是萧红最开心最怀念的日子。后花园是萧红可以任性的小"王国"，她在那里捉来一只绿豆青蚂蚱，用细线绑住蚂蚱腿，一会儿线头上只有一只腿，蚂蚱不见了。玩腻了去捣乱，祖父浇菜她去浇，拿着水瓢拼尽全力把水往天空扬，喊着"下雨了，下雨了"。小朋友们，阅读到这里，你就会对作者童年的天真烂漫一览无余了。可以说，那时候的萧红过的是无忧无虑的日子，和萧红后期的日子对比起来，简直是天壤之别。小朋友们在成长的过程中，会有收获的喜悦，也有失落的忧伤。有些小朋友还养成了写日记的好习惯，点点滴滴记录过去的喜悦。明白这个道理，就知道萧红为什么写《呼兰河传》了，为的就是通过美好回忆来唤回精神上的安慰。

《呼兰河传》总共七个章节，第四章写的是出租闲置屋子，第五章写的是租户老胡家的小团圆媳妇，第六章写的是关于二伯父的故事，第七章写冯歪嘴子的故事，各个章节都各有精彩。比如读到第五章，不少人就会想是谁害死了小团圆媳妇，是她那无情的家婆吗？仔细品读后就懂得，害死小团圆媳妇的，是千百年来流传下来的民风，是封建礼教管制下的道德规范。看完第七章，小朋友们会发现，《呼兰河传》还是充满正能量的，你能体会到冯歪嘴子在这死水一般的小城中展现出来的某种坚韧特质，这种特质给人以希望和勇气，活下去的勇气，战斗下去的勇气。总之，《呼兰河传》很精彩，值得小朋友们认真去阅读和品味，在阅读和品味当中，懂得那个时代人们生存的状态，那个时代人们期望之所在。也才懂得，今天的生活，有多么的不容易，那才是真正的精彩，值得我们珍惜。

■你读

片段一：祖父的眼睛是笑盈盈的，祖父的笑，常常笑得和孩子似的。祖父是个长得很高的人，身体很健康，手里喜欢拿着个手杖。嘴上则不住地抽着早烟管，遇到了小孩子，每每喜欢开个玩笑，说："你看天空飞个家雀。"趁那孩子往天空一看，就伸出手去把那孩子的帽给取下来了，有的时候放在长衫的下边，有的时候放在袖口里头。他说："家雀叼走了你的帽啦。"孩子们都知道了祖父的这一手了，并不以为奇，就抱住他的大腿，向他要帽子，摸着他的袖管，撕着他的衣襟，一直到找出帽子来为止。

品读：小朋友们，这个片段较长，但是却非常精彩，把祖父逗孩子的动作神态活灵活现地展现出来了，他是一个充满童心的"老顽童"，给孩子带来慈爱、带来温馨、带来欢乐。小朋友们读完后，会对照自己的祖父给自己带来的快乐。

片段二：那些帮忙救马的过路人，都是些普通的老百姓，是这城里的担葱的，卖菜的，瓦匠，车夫之流。

品读：小朋友们，这个片段较短，描写的是一个什么样的景象呢？说明当时社会上的穷人虽然占大多数，但大多是热心人，他们互相帮助，不谈条件不求报酬。通过这个景象，反衬出社会上流人士虽然地位高贵，却大多冷酷无情，让人生厌。

片段三：我玩累了，就在房子底下找个阴凉的地方睡着了，不用枕头，不用席子，把草帽遮在脸上就睡了。

品读：小朋友们，雕刻这幅景象的文字也并不长，但是却非常生动形象，是不是有点像我们下到村庄，下到田野看过的景象呢？通过这寥寥数语的朴素描写，作者天真可爱、自由活泼的个性就跃然纸上了！不是吗？

同学们，你们最近在读什么书？把它的精彩片段摘抄下来，然后把你的阅读感受尽情地写下，和小伙伴分享吧。

精彩片段：

_____

_____

_____

我这样读：

_____

_____

_____

发表于 2016 年 1 月《广西少年报》"我读你读"栏目，16—19 页。

让心灵的童年永存
——《城南旧事》赏析

南宁市桂雅路小学　宗菲菲

■我读

　　小朋友们，我们大家都在经历美好幸福的童年，在这当中，有父母对我们的精心呵护，还有亲友对我们的谆谆善诱和启发鼓励，还有老家门前那棵我们经常围着玩耍的老古树，以及现在居住的小区门前那一家让我们回味无穷的小吃店。这些正在经历或已经经历的人和事，正在伴随我们的成长而成为记忆。记忆是珍贵的，它闯进了我们的心扉，它融入了我们的心灵，一直到永远。台湾著名的女作家林海音，有一部精彩的作品叫《城南旧事》，成书于1962年，记录了自己儿时记忆中的北京城南往事，用记忆中一个个难忘的旧事把昔时北京城南的风物旧貌和人情世故一幕幕鲜活地展现出来，成为时代经典之作。小朋友们，让我带领大家一起品读，认真领略这本经典之作的魅力吧。

　　全书共有六个篇目，分别是《惠安馆》《我们看海去》《兰姨娘》《驴打滚儿》《爸爸的花儿落了，我也不再是小孩子》《冬阳·童年·骆驼队》。写的是作者7至13岁时的北京生活，通过"英子"稚嫩眼光中的点点滴滴，你可以观看到北京城南万种千般生活原态，主要是大人之间的各种悲欢离合。读完了，你就会被作者儿时的记忆、心境打动了、浸润了。让人仿若置身在那个时代的北京城南，经历了同样的人和事。1982年，《城南旧事》被搬上电影银幕后风靡一时，小朋友们可以回去问问爸爸妈妈，说不定他们就是这部电影的"粉丝"呢。

　　读出伏笔的深藏不露

　　在这本书里，每篇故事都有意想不到的伏笔，这非常值得小朋友们借鉴。一些似乎不起眼的细节，正是牵引故事向前发展。让我们读读《惠安馆》故事中的妞儿。妞儿刚开始在故事中出现的时候，似乎和又疯又癫的秀贞没什么关联，仅仅是英子的玩伴而已。如果细心的小朋友认真品读，就会发现两者之间关联上的痕迹。这两人的眼底下，都有一对"泪坑儿"；遗弃秀贞女儿的地点，是齐化门城底，而妞儿恰恰就在齐化门被收养的；最后英子发现，妞儿居然有和小桂子一模一样的胎记，由此可以确定妞儿就是秀贞日夜思念的亲生女儿。小朋友们看看，这就是深藏不露的伏笔的魅力，通过阅读《城南旧事》，大家一定对伏笔的作用深有感触吧。读完全书，小朋友们会发现这些细小的毫不起眼的细节，正在不知不觉中为下文做好了铺垫，将曲折的故事演绎得让读者拍手称赞。

读出朴素言语的味道

假如小朋友们细致品味作者的语言，你会发现，文章读完了，居然没找到几个像样的豪华字句。这是因为，林海音的笔触很质朴，她杜绝使用华而不实的辞藻，正是这些地道朴素的言语，把各种曲折、复杂的故事如"竹筒倒豆子般地"抖出来。我就以《驴打滚儿》来举例吧，文中讲到宋妈的丈夫从乡下来看宋妈时："到了一年四个月，黄板儿牙又来了，他要接宋妈回去，但是宋妈舍不得弟弟，妈妈又要生小孩，就把她留下了。宋妈的大洋钱数了一大垛交给她丈夫。他把钱放进蓝布褡裢里，叮叮当当的，牵着驴又走了。以后他每年来两回，小叫驴栓在院子里的墙犄角，弄得满地的驴粪球，好在就一天。随着驴背滚下来的是一个大麻袋，里面不是大花生，就是大醉枣，是他送给老爷和太太——我爸爸和妈妈的。乡下有的是。"你看，这些话多么质朴，白描式的几句话，就把人物形象描绘得栩栩如生，宋妈的丈夫黄板儿牙是什么人清清楚楚；故事情节直截了当，非常干净利落，宋妈穷苦的人生在这里已经展露无遗了，给人留下了难忘的印象。

读懂英子，感悟成长

每篇故事的结尾，都是主人公的离去，字里行间潜藏的是悲伤。在《爸爸的花儿落了，我也不再是小孩子》中，父亲离开人世，而这时恰是英子毕业。转眼之间，英子和两个重要的东西永别了，一是父亲的离世，永别了父爱；二是告别小学生涯，孩提时代画上句号。离别成为过去，伴随的是成长，这时候英子意识到了自己沉甸甸的责任，作为姐姐，要照顾好年幼的弟弟妹妹；作为女儿，要安慰母亲，不能再让她操那么多心。

小朋友们可以认真品味到书中的人物是怎样要求英子做大人的。宋妈临回老家时说："英子，你大了，可不能跟弟弟吵嘴！他还小。"蓝姨娘上马车时说："英子，你大了，可不能招你妈妈生气了！"蹲草地的人说："等到你小学毕业了，长大了，我们看海去。"这些如此要求英子做大人的人，一个个都先后离开了，永远成为英子挥之不去的童年记忆。特别是父亲的离去，毫无征兆地让英子刹那间蜕变成一个

"小大人"。当缺了一个指头的厨子老高从外面进来告诉英子"你爸爸已经……"时，英子看见瘦鸡般的妹妹和正在把玩沙土的弟弟，顿时明白自己是小大人了，于是以大人的口吻说："老高，我知道是什么事了，我就去医院。"

离别是令人心伤的，但又意味着一个新的开始，是迈向未来的起点。小朋友们，读完《爸爸的花儿落了，我也不再是小孩子》，你的心情是否会激荡而难以平复呢？假如你们读懂了英子，肯定会像英子一样有所成长的，更加关心爸爸妈妈，更加关注身边的人和事，不是吗？

读懂作者的童心

毫无疑问，《城南旧事》是名作，非常精彩，多么难忘。那问题来了，作者为什么要写《城南旧事》呢？当小朋友们读完最后一个篇章，就知道了。作者的《冬阳·童年·骆驼队》写道："可是，我是多么想念童年住在北京城南的那些景色和人物啊！我对自己说，把它们写下来吧，让实际的童年过去，心灵的童年永存下来。就这样，我写了一本《城南旧事》。"在英子的眼里，童年是那么的纯真，值得永远铭记心头。这一点，很多人要待到童年消失才能深切体会，也就是等到真正成长起来的时候才发现，童年的消逝是自己失去的最宝贵的东西，永远都找不回来了。

《城南旧事》其实也是作者生活的那个年代北京平民生活的实录。从小说的开头我们就可以领略到北京的各种地道口头俚语，以及大批的建筑物、房舍和胡同的原物风貌，还有在那个特殊时代北京特有的人和物，比如换洋火的老婆子、东交民巷的正金银行、顺城街煤站等。作者对这些人物的描写是非常精彩的，简朴文字描出正宗地道的老北京生活气息，真实的北京城南被作者的生动文字还原了。读完这本书叙述的各个旧事，小朋友们会深刻地感受到，自己内心的情绪会被跌宕起伏的情节牵动，总有一种若隐若现的悲伤隐藏在字里行间。其实，哪个人的心中没有一段"旧事"呢，很多小朋友同样经历过有喜有悲的人和事，因为这些人和事是有着深切体验的亲身经历，所以能够永记心头，带给自己无穷尽的回味。作家林海音写《城南旧事》，就是用涓涓文字记录难忘的过去，能够永远纪念和回味下去，让心灵的童年永存！

■你读

小朋友们，请仔细品读下面的句段，去认真感受作者质朴笔法的魅力吧！

片段一：我站在骆驼的面前，看它们吃草料咀嚼的样子那样丑的脸，那样长的牙，那样安静的态度，它们咀嚼的时候上牙和下牙交错地磨来磨去，大鼻孔里冒着热气，白沫子沾满在胡须上。我看得呆了，自己的牙齿也动起来。

品读：读完这段话，我们是不是似乎真的看到一只骆驼正在躬身吃草呢，它的牙齿磨来磨去，磨出的白泡泡挂在了嘴边上，这个样子很逗吧。从"我看得呆了，自己的牙齿也动起来"说明什么呢？说明作者很喜欢骆驼，被骆驼的模样吸引住了。"大鼻孔里冒着热气"这句话说明作者对骆驼的喜爱程度，如果作者不是非常喜欢骆驼，就不可能观察得那么深入了。这就是作者表现对骆驼喜爱的神来之笔，文中一个"爱"字都没有。

片段二：惠安馆的疯子我看见过好几次了，每一次只要她站在门口，宋妈或者妈就赶快捏紧我的手，轻轻说："疯子！"我们就擦着墙边走过去，我如果回头再张望一下，她们就用力拉我的胳膊制止我。其实那疯子还不就是一个梳着油松大辫子的大姑娘，像张家李家的大姑娘一样！她总是倚着门墙站着，看来来往往过路的人。

品读：小朋友们，读完这段话，作者的善良之心就跃然纸上啦。我们可以品读出作者没把"疯子"当作疯子看，相反觉得她是个梳着大辫子的大姐姐，这说明作者的思想多么朴实纯真。这样，作者的赤子之心，不就跃然纸上了吗？

这些话很多，就请小朋友们自己品读，加以认真体会，相信你们会喜欢上《城南旧事》这部名作的。同学们，你们最近在读什么书？把它的精彩片段摘抄下来，然后把你的阅读感受尽情地写下，和小伙伴分享吧。

精彩片段：

_____

_____

_____

我这样读：

_____

_____

_____

发表于 2016 年 5 月《广西少年报》"我读你读"栏目，16-19 页。

课题成果汇总

序号	成果名称 （标题）	作者姓名	成果形式	完成时间	出版单位或发表报刊 名称、日期、刊号
1	《试论小学语文课堂教学中批判性思维的培养》	宗菲菲	论文	2020.01	《基础教育研究》杂志 2020 年第 1 期（国内刊号：CN45-1094/G4 国际刊号：ISSN1002-3275）
2	《小学语文阅读教学中批判性思维的培养》	宗菲菲	论文	2020.02	《广西教育》杂志 2020 年第 2 期（国内刊号：CN45-1090/G4 国际刊号：ISSN0450-9889）
3	《在小学低年级开展多元化阅读教学的尝试》	宗菲菲	论文	2020.12	《广西教育》杂志 2020 年第 12 期（国内刊号：CN45-1090/G4 国际刊号：ISSN0450-9889）
4	《书海无涯"读"作舟——试论小学低年级多元化阅读的教学实践》	宗菲菲	论文	2020.09	《教育界》杂志 2020 年第 9 期（国内刊号：CN45-1376/G4 国际刊号：ISSN1674-9510）
5	《开展多元化阅读教学的途径》	宗菲菲	论文	2021.04	《基础教育研究》杂志 2021 年第 4 期（国内刊号：CN45-1094/G4 国际刊号：ISSN1002-3275）
6	《让阅读多一些价值——浅谈如何实现 PBL 项目式教学与整本书》	宗菲菲	论文	2019.12	获 2019 年广西小学语文优秀教学成果评比一等奖
7	《多元化阅读 打破小学阅读教学的瓶颈》	宗菲菲	论文	2020.12	获 2020 年广西小学语文优秀教学成果评比一等奖
8	《巧用批判思维 走向深阅读》	宗菲菲	论文	2020.12	获 2020 年广西小学语文优秀教学成果评比一等奖

序号	成果名称（标题）	作者姓名	成果形式	完成时间	出版单位或发表报刊名称、日期、刊号
9	"黑土地的童年足迹"——《呼兰河传》赏析	宗菲菲	文章		发表于《广西少年报》
10	"让心灵的童年永存"——《城南旧事》赏析	宗菲菲	文章		发表于《广西少年报》
11	《藏戏》	宗菲菲	课例	2019.08	受邀作为横县 2019 年秋学期语文教师培训活动主讲教师，执教示范课获得好评
12	《什么比猎豹的速度更快》	宗菲菲	课例	2019.12	在南宁市卢耀珍工作坊主题教研送教下乡活动中，在刘圩镇中心学校执教课例获得好评
13	《饮湖上初晴后雨》	宗菲菲	课例	2020.01	评为 2019 年青秀区"一师一优课　一课一名师"活动县区级"优课"
14	《北京的春节》	宗菲菲	课例	2020.08	被评为 2020 年春季学期广西中小学"空中课堂"优秀课例
15	《王戎不取道旁李》	宗菲菲	课例	2021.10	受邀到马山县教研室邀请执教公开课获得好评
16	《海量阅读，提升学生语文素养》	宗菲菲	讲座	2018.11	作为广西 2018 年"国培计划"来宾市统筹项目兴宾区小学语文送教下乡项目授课专家开展讲座
17	《开展多元化阅读教学的途径》	宗菲菲	讲座	2021.11	作为 2021 年"国培计划"教育部示范项目专家赴河池市罗城县小长安镇中心小学开展讲座
18	多元化阅读活动：亲子经典诵读比赛		新闻	2019.02	多元化阅读活动之亲子经典诵读比赛得到"广西新闻"的报道
19	多元化阅读活动：亲子经典诵读比赛		新闻	2019.09	多元化阅读活动之亲子经典诵读比赛内容在《广西日报》刊登
20	多元化阅读活动：亲子经典诵读比赛		新闻	2019.09	多元化阅读活动之亲子经典诵读比赛内容在《南国早报》刊登